星座衣Q

飛馬天嬌・李昀／著

Nancy Huang／繪圖

序

由於對女性占星術的興趣日增，兩年前想到該為本地女人撰寫《星座衣Q》這麼本講穿衣的星座書。恰巧「形象設計」專家好友李昀也有興趣，就這樣立刻開始籌備起來，接著很快找到服裝畫專家**Nancy Huang** 小姐為此書鼎力作畫，於是白羊女孩包在衣裳內的圖像很快便出現了，順理成章得讓我感謝老天、三寶和天主的祝福，這本書實在是筆者這輩子製作最順利的作品。

把深奧繁複的星象學簡約化、生活化、流行化，是筆者近十年一直想做的事，《星座衣Q》是這項努力的最新註腳，此書將十二個星座女人的個性特質與她的裝扮結合，呈現典型而精緻的星座女人面貌。現在書如期完成，星座女人的形貌比廿年前本地初初流行占星術的時期具體得多了，後續我仍將努力為新紀元的星座女性提供多角度的作品。

《星座衣Q》雖然製作得快，但絕不表示它膚淺，這裡包含了占星學的知識、裝扮的技巧以及精湛的畫藝。在此謹以此書歌詠十二星座的巧妝佳人，並特別獻給當代女性占星術工作者如Douglas Bloch 等等，願兩性能早日更加平等，共建美好的社會。也向摯愛的爸媽與文殊菩薩致敬，父母無盡的容忍與慈愛是藝術創作的溫床，文殊菩薩的智慧則促成這本書迅速出版。

飛馬天嬌

謹識於水瓶座紀元元年七月

星座衣Q，不讀不可

對女性而言，穿著既是一項樂趣，也是一種煩惱，教導人該如何穿著打扮的書籍已經一籮筐了，現在又扯出星座來，究竟是穿鑿附會、隨風潮起舞，還是恰如一盞明燈，真能替人指出裝扮的捷徑呢？

一般人研究星座，無非是想更加瞭解自己，星座確實能將人的個性描繪得入木三分，而穿著打扮最重要的成敗關鍵也正是在此，因此藉由十二星座各自不同的人格特質，可以準確地判斷出每一個星座最適合的裝扮方式，運用這個簡單的歸納法，人人都能很快的找出屬於自己的穿衣指南。

細心一點的人也許會問道，那麼身材不也是穿著的另一項參考因素嗎？不錯，但由於星座對於人的外型的影響似乎不那麼絕對，雖有一些可能的共同特徵，但還是僅供參考而已，因此身材這部分在此著墨較少，認真一點的人可以參照穿衣指南之類的專書，

相信會學到更多相關細節。

至於渴望用星座來解惑或推運的人，一開始可能會有點兒失望，心想服裝和算命實在攀不上關係，但很神奇的是，書中所談到的因時因地因場合所作出的恰當裝扮，卻正是積極創造命運的一帖良方，原因就在適切而有品味的穿著能夠立即為我們贏得美好的第一印象，當然也就爭取到更有利的成功契機，提高妳的星座衣Q，其實也就掌握了自己的最佳命運。

先學學服裝風格

在正式進入星座衣Q的主題之前，有一項重要的功課，就是要先瞭解女性服裝的風格分類，有了這個基礎，在談到特定風格時，大家才有相同的認知。

究竟什麼是風格？常聽人說穿衣服一定要有自己的風格，或對於某些特別懂得打扮的人，大家不免投以羨慕的眼光讚嘆道「她的穿著真有風格」，其實誰也不必羨慕誰，每個人在不知不覺中，因著不同的個性，穿著打扮自然會形成一種特色，這就是所謂的個人風格。

仔細分析起來，女性裝扮風格的類別很多，為了應用上的方便，我們將它分成八類，再歸納入四組當中。如圖中心直線的右邊，從上往下分別是高貴典雅型、傳統保守型、清純學生型與溫柔淑女型，這四類服裝變化較小，是屬於正統的女性裝扮方式，而其中前兩項比較適合成熟的職業婦女，後兩項則由年輕少女來穿較能表現青春氣息。直

線左邊分別是輕便休閒型、性感誘惑型、時髦搶眼型與藝術變化型，這四類服裝在式樣上變化較大，是偏向非傳統的穿著，並不十分適合一般的工作場所。其中上面兩類應該看場合來穿，也因著場合的需要，大部分的女性或多或少都擁有這兩類的服裝；至於左下角的兩類，就不是人人都能穿出好效果的，需要特殊的人格特質與特定的工作性質，才能裝扮得恰如其分。

這八種類型都有屬於自己的座右銘，高貴典雅型：我最優雅；傳統保守型：不要叫我改變；清純學生型：我還年輕；溫柔淑女型：我是好女孩；輕便休閒型：舒服方便才最重要；性感誘惑型：我最性感；時髦搶眼型：前面的人看過來；藝術變化型：只要我喜歡有什麼不可以。要判斷自己的服裝類型，首先看看這些字句，哪些經常存在妳的心中，哪些是妳連想都沒想過的，或是某一項正符合妳的人生哲學，通常不太可能樣樣齊備，大多是具備其中幾項，而這幾項在個性中所占比例又有強弱之分，因此多數人通常會有一個主型，另外再加上一至數個副型，類型越多的人在個性與裝扮上都是多樣化的，類型越少的人則比較有強烈的單一特質。

再詳細一點來說明，每一種類型的裝扮，都有自己的特色。高貴典雅型的人，穿著以質感取勝，式樣不一定頂時髦，但服裝的質料與剪裁都要符合一定的水準，因此這類型的人也往往相當重品牌。一般說來，多數職業婦女應該以高貴典雅的裝扮為追求目標，努力提升自己在穿著上的品味。

傳統保守型的人，基本上個性保守，不喜歡變化，稍微時髦或是特別一點的服裝，都會被她認為是作怪而無法接受，她的服裝多年來如一日，永遠都是這些基本款式，這樣的打扮很適合某些強調忠誠度與信賴感的職業，比如說是律師、金融界主管等。

清純學生型的人，在台灣的校園中經常可以看見，服裝的剪裁多半簡單，式樣年輕，色彩單純或有些可愛，這樣的裝扮以學生身分而言，相當適合，但畢了業進入職場，許多人會延續這種穿著習慣，如果是新進人員，還差強人意，但隨著年資的增加，難免會顯得過於稚嫩。

溫柔淑女型的人，個性中女性化程度較高，因此會偏好一些軟性的服裝剪裁，比如說蕾絲、荷葉邊及泡泡袖等，這樣的裝扮在職場上並不討好，尤其年齡漸長、職位漸高，這類服裝無法表現出適切的權威感與專業形象。

輕便休閒型的人最講求舒適，但可別忘了，舒服和邋遢只有一線之隔，弄得不好就有損形象，休閒服其實是人人都需要的服裝，但不太適合一般的上班族，雖然目前全球性的職場服裝趨勢是以商務休閒為主要潮流，然而在應用上，不但不能為所欲為，甚且還是相當考究的。

性感誘惑型的人必定是具備高度的自信，尤其是對於自己的身材，但這樣的裝扮只適合於某些特定的場合，像是晚宴、舞會、夏日海灘休閒等，或某些特定的職業，例如演藝界。在辦公室裡，這種類型的服裝最不恰當，容易造成不夠端莊的負面印象。

時髦搶眼型的人也多半是自信滿滿，這些人超級愛美，擁有靈敏的流行嗅覺，絕不穿過季的服裝，那會令她感到很沒面子，當紅的衣飾配件，一件也不能少，這樣的裝扮最適合一些與流行相關的行業，比如說是服裝業、演藝界等。

相反的，藝術變化型的人根本無視於流行的存在，她才不在乎現在街上的人怎麼穿，更不在意別人的想法，她會依照自己的審美觀，將各種原本看似不相干的服裝配件放在身上，卻往往形成一種另類的美感，這樣的裝扮方式最適合一些強調創意的行業，例如廣告業、傳播界及各類型設計工作等。

以上的八型風格美人，是不是個個都很有特色呢?藉著星座的分析，我們將能很快地找出自己的風格，現在我們就開始這趟有趣的探索吧！

目錄

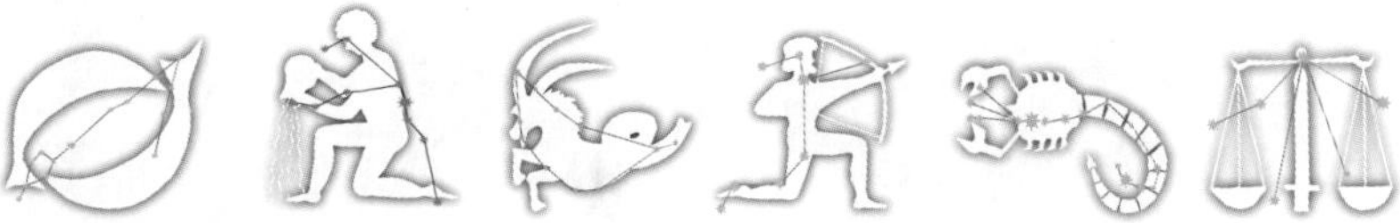

水瓶座衣著 221

雙魚座衣著 243

白羊座衣著

除非在思春，否則個性活躍的白羊女孩，對於衣著較不注重是否性感或具藝術品味，而較注重衣著的「方便性」——方便她做各種動作，因為火星守護的白羊是側重行動的火象星座，她習慣東弄西搞個不停，所以那種會限制她行動的精緻漂亮衣服常並不為她所喜。這就是說，與其給她穿大片荷葉邊的蓬蓬裙，打扮得像公主一樣，還不如讓她穿可以隨地坐的磨破邊的牛仔裝或工作褲（她不會太在意穿陽性意味很重的服裝，只要你仍然把她當淑女看）。這是因為在她靈魂深處，往往藏了個好動的男孩。

典型白羊女孩的衣櫥裡，不妨添幾件大膽、新潮、熱情的貨色，譬如大紅花、露單肩、式樣簡單大方的晚禮服（她不屬於那種正式到沈重的國宴型官夫人），露肚臍有時

也可以。這個女孩有她熱情的一面，雖然這個冷酷的世界總是澆熄她朝陽般的衝勁，但奇妙的是，她似乎擁有不斷再造的生命力，就像被殘酷世界澆了一天冷水的太陽第二天一早依然東昇，散發熱力，而這些鮮麗的衣服可以讓妳更快恢復朝氣。雖然如此，包在運動服、工作服中的羊女孩還是她最漂亮的時候，不論是鬚了邊的牛仔褲、褪了色的卡其褲或是鬆垮不堪的滑板褲，只要到她身上，就彷彿衣人合一，有種說不出的自然魅力。而純棉T恤、沒有腰身的白襯衫還有粗毛線織成重複花紋的大毛衣，這些中性服裝，她同樣也能穿出特有的閒適美感。

如果在談戀愛，火星之女會希望衣櫥裡有好多套嬌媚的服裝，平日獨鍾褲裝的她，會突然穿起小洋裝和長及腳踝的圓裙，更誇張一點的，大把的蕾絲和花團錦簇的繡花、珠子都上身了，甚至不嫌麻煩的戴上胸針、手鐲或是整套的耳環和項鍊。這時她與平時大不相同，因為在她心底，其實很怕情人覺得她不夠女性化，嚴重的甚至敏感到你問她唇上好像有一根汗毛，便勃然大怒矢口否認的地步（假如不是拔光你一身汗毛的話）。

白羊以魯莽知名，她的衣服頂好耐穿、耐髒又耐洗，太淺的色彩絕不是好主意，嬌貴的針織衫、易皺的純麻、太柔軟細緻的雪紡紗，都不是她能應付得了的。最好選擇顏色較深的粗厚棉質衣料，或是加入聚酯纖維混紡的中價位服裝，以應付磨破、鉤出洞、油污等等窘境，配一條圍巾（當抹布、遮油污）常是不錯的設計。

穿起戎裝特別漂亮的白羊女孩，不妨準備幾套登山裝、軍服，雖然許多社會並不鼓勵女娃如此具侵略性，但若妳到戰區或白羊座國家生活，也許總有些時候有展現女兵魅力的機會，那時妳可就豔冠群芳了。

講到睡衣，妳很可能有些滿貴的貨色，可惜穿的機會不多，因為妳不屬於那種睡眠惺忪型的美女，活力充沛的妳對睡眠從來不熱衷，但由於妳對私人（貼身）物品很看重，所以較不能忍受過於廉價、隨便的產品。從經濟的角度看，這是妳傾向於浪費的部分。

講到浪費，白羊女孩在星座浪費排行中向來名列前茅，精打細算的羊女孩爹娘最好為她準備小號衣櫥，不過如此做娘的便得準備好為她收拾散得全家的衣物：羊女孩不以善於收拾聞名，假如做娘的是巨蟹或處女，母女在衣服這件事上甚至可能吵得令做爹的跳樓。

（轉載自《大成影劇報》4月20日星座爆米花，文／飛馬天嬌、李昀）

白羊座女孩服裝概念

◎服裝類型圖

以輕便休閒、清純學生型為主，有時可以加一些時髦搶眼的感覺。

◎穿著特性

＊焦點指數　1 2 3 4 [5] 6 7 8 9

＊流行指數　1 2 3 4 5 6 [7] 8 9

＊變化指數　1 2 3 [4] 5 6 7 8 9

＊愛美指數　1 2 3 4 5 [6] 7 8 9

＊裝扮成功指數　1 2 3 [4] 5 6 7 8 9

◎幸運色彩

深而濃的紅色：暖色——橘紅、較鮮豔的磚紅；

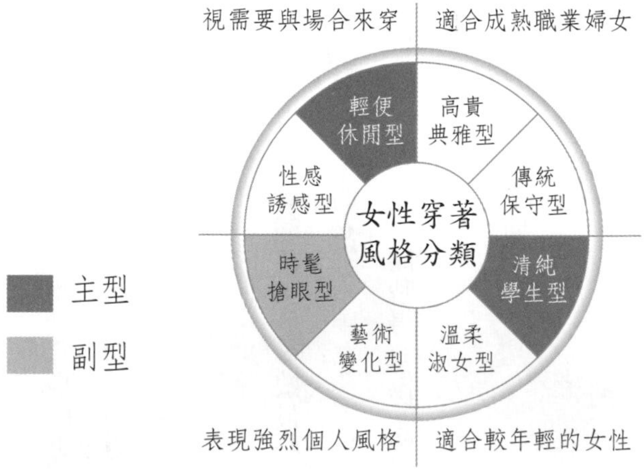

冷色——桃紅、紫紅。

濃濁的色彩：暖色——土黃、橄欖綠；冷色——紫褐。

◎幸運寶石

血石、腎石、天然磁石、紅珊瑚、紅寶石、打火石、石榴石、孔雀石、鑽石（有時）。

◎小小叮嚀

※儘量少穿整套淺色的服裝，以免弄髒，萬一沾到醬汁，應立刻用水（至少用溼紙巾）做局部清洗。

※針織服裝比較不適合，因為太容易鉤紗。

※穿裙子外出時，隨身多帶一雙褲襪，以應付可能的窘境。

※如果很難表現淑女，也不要太在意。

※逛街前先列一張購物清單，以免失控。

上班服

行動派的妳，應該不會選擇太過靜態的工作，但如果身為規規矩矩的上班族，切記不可以為了貪舒服，給人穿著隨便甚至邋遢的壞印象，妳所喜歡的偏向中性化的服裝，其實滿適合職位較高的管理階層。

◎服裝

❇款式：較適合褲裝，若要穿裙裝，應該選擇活動方便的褶裙或A字裙。上衣以略為中性化的式樣為佳，例如類似軍裝的短的立領外套。

❇質料：應該是兼具舒適與耐穿，又不需太花心思照顧的，混紡的天然纖維如棉、毛加聚酯纖維，為了方便行動，還可加一點彈性纖維如萊卡。

❇色彩：中性色如黑色、灰色與咖啡色，再用一些較鮮豔的如橘紅、秋香綠、桃紅等來點綴。

白羊座上班服

◎配件

※飾品：手錶可選偏中性錶面較大的式樣，眼鏡也應偏中性，太女性化的貓眼，或鏡架邊有繁複裝飾的均不適合。如有必要，可選一些簡單俐落的釦子狀金屬耳環，搭配簡單的同色項鍊。

※皮包：為了方便行動，皮包應選肩背式，偏中性的款式為佳，如身高夠高，可選體積稍大的式樣。

※鞋襪：鞋跟不應太細或太高，鞋頭也不宜太尖，才不至減低舒適性。不耐磨的麂皮、漆皮均不適合，應選擇深色牛皮製為佳。

◎髮型

直的短髮最適合行動派的羊女，最好是打成層次、較帥氣的式樣，和她中性化的服裝才能相得益彰。

◎化妝

一般在工作場合最適合自然的淡妝，這一點羊女做起來毫不費力，簡化生活的兩用粉餅、持久型唇膏，都是理想的選擇。

約會服

約會時的妳，非常在意自己的女性形象，這是有一點麻煩的地方，因為太過於強烈的自我要求，有時反而會造成不夠自在的表現，別忘了自然就是美，基本上，整體裝扮只要比平時稍微軟性一點就行了。

◎服裝

✻款式：稍微女性化一點的裙子如A字裙，配上兩件式的毛衣套裝，或簡單的直筒小洋裝，加一件短的小外套。

✻質料：比上班服稍微柔軟一點的質料，如棉、毛加上少量viscose與rayon的混紡，但為了不易皺，還是應有一定比例的聚酯纖維成份。

✻色彩：甜美的顏色能夠帶出柔和的女性氣息，此時不妨多用自己的幸運色彩——紅色調，如暖色的鮭魚紅、冷色的鮮勃根蒂酒紅。

◎配件

✻飾品：為了表現在意的感覺，可以刻意戴上整套的項鍊與耳環，小小的幸運寶石增添魅力與信心。

✻皮包：有一點點淑女的短的單肩背包，或是較硬皮質的手提款式均可，顏色不要太淺，免得弄髒。

✻鞋襪：可穿中跟的小方頭或小圓頭淑女鞋，秋冬可穿著較厚的彩色襪子，比較不會鉤紗。

◎髮型

清爽的短髮可以加上一點小裝飾，比如說一些彩色的小髮夾夾在前額滿俏皮的，或是將髮梢吹成微微外翹的髮型也不錯。

◎化妝

約會妝值得多花一點工夫，打個較細緻的粉底，臉色不夠紅潤的可以上一點腮紅，唇膏色彩應稍微嬌嫩一點。

白羊座約會服

晚禮服

雖然性感並不是妳個性中主要的元素，但妳並不在意展露一下身材與風情，而落落大方的妳也可以打扮得相當搶眼，只是對於太過豪華的或淑女的款式，有一種自然的排斥。

◎服裝

✻款式：式樣簡單又兼具流行氣息的貼身禮服，露一只美麗香肩，或腰部縷空的款式都相當合適。

✻質料：含Spandex 的彈性合成纖維，既有點閃閃發光的感覺，也還不算太嬌弱，十分適合有點粗枝大葉的妳。

✻色彩：如果不特別鍾情於晚宴的標準色——黑，就來點幸運又耀眼的紅吧！暖色的番茄紅、草莓紅，冷色的桃紅、紫紅，保證讓妳成為party 中的焦點。

◎配件

✽飾品：亮麗的長耳環，誇張的項鍊，黑禮服可以搭配鑲上幸運紅寶石的飾品，紅禮服則可佩戴鑽石。

✽皮包：小的手拿包，最好有細細的肩帶，可以空出手來，方便行動。質料最好是耐用的皮質，絨面、緞面容易弄髒，金屬與壓克力容易刮傷，都要小心。

✽鞋襪：細帶子的高跟涼鞋最好，可以免除穿絲襪的麻煩與可能帶來的危機，但腿部與腳的護理千萬不要忽略了。

◎髮型

可以刻意上個卷子，讓頭髮有點波浪，增添幾分性感，或抹上超量的髮雕或定型液，弄個光滑又酷酷的浪子頭也不錯。

◎化妝

請耐著性子化個講究妝，粉底需要上兩層，眼妝可以用一點發亮的鮮豔色彩，唇膏可選擇帶有強烈個人風格的奇特顏色，然而卻要小心不要塗到牙齒上。

白羊座晚禮服

休閒服

這可是到了妳最如魚得水的時候，處處講求舒適、方便的妳，再也沒有比穿上休閒服更能充分發揮自我本性了，但是別忘記，這種服裝只有在休閒、運動時才能穿，千萬不要以為一套休閒服就可以走天下，形象會打折的哦！

◎服裝

❋款式：輕便的牛仔褲、卡其褲或是寬大的滑板褲，只要是舒適耐磨的都行，上衣以較寬鬆的T恤或軟質襯衫為佳。

❋質料：質料結實又吸汗的純棉，或混有50%以下聚酯纖維的棉織品，運動時可採萊卡棉，比較易於排汗。

❋色彩：耐髒是首要條件，因此淺色不宜。幸運色中鮮豔的紅，或是濃而濁的土黃、橄欖綠，都很適合。

◎配件

※飾品：此時使用配件的機會不多，一只大型的運動錶或潛水錶，加上一副外型帥氣的鐵質（幸運金屬）中性墨鏡就行了。

※皮包：雙肩背包是不二的選擇，體積不需要太大，怕麻煩的你在這個時候，東西絕不會多帶的。

※鞋襪：純棉的休閒襪配上舒適又時髦的休閒鞋，或是白短襪配上講求機能性的運動鞋。

◎髮型

原本就清爽俐落的短髮最適合休閒的場合，運動時如果瀏海太長，影響視線，可以箍上一條毛巾髮帶，既酷又實用。

◎化妝

偷懶時當然是擦一點唇膏就行了，此時唇膏的色彩要自然一點比較恰當。酷愛戶外活動的妳，別忘了塗上防曬產品，以免肌膚受損。

睡衣

精力充沛的妳，並不需要太多的睡眠，但向來重視貼身衣物質感的習慣，使妳很肯花錢買一些好的睡衣與內衣，其實昂貴豪華的睡衣，對妳而言並不太實用，所以在掏錢之際，請務必三思。

◎服裝

※款式：上下分開式的睡衣褲，很適合不喜歡受拘束的妳，如果想同時充當居家服，可以選擇整套較寬鬆的運動休閒服。

※質料：此時以純棉為佳，但如果是懶人派，連晾衣服都嫌麻煩，建議選擇耐高溫、可以放入烘乾機的混紡棉織品。

※色彩：為了助眠，應該選擇較淺而柔和的色彩，但如果有穿著睡衣吃宵夜習慣的人，為了避免麵湯四濺，最好選擇顏色略深且有明顯花紋的，才不致成了大花臉。

白羊座休间服

白羊座睡衣

◎拖鞋

即使在家中，行動還是快如風的妳，最好是穿著舒服又好走的泡綿海灘鞋，不要選太大的尺碼，以免不跟腳，鞋跟也不要太高，免得發生危險。

◎內衣褲

這個部分，妳是相當講究質感的，可以選擇純棉的質料，貪舒服的妳，絕不會用太緊的衣物強力包裹自己，因此合身舒適比較重要，是不是有超級調整功能，反而是其次。

◎保養

運動量大的妳，出汗的機會相對的也就多，因此睡前的皮膚清潔相當重要，應先卸妝然後洗臉。而戶外活動還會帶來過度的曝曬，為避免皮膚乾燥老化，應充分給予滋潤，保溼產品應及早開始使用。

泳裝

羊女郎本來就不是文靜的淑女，骨子裡甚至更像個活潑過了頭的男童，平時並不十分在意外表，因此對於艷夏的水上活動極為熱衷，即使再火熱的太陽也嚇不走妳，運動力超強，不論潛水、游泳、滑水，樣樣精通。對於泳裝的選擇會偏向便於活動的中性款式，也許是背心型的上衣加上低腰短褲，或是強調功能性的連身運動泳衣，反正絕不會穿上婆婆媽媽的裙裝或裹上嫌累贅的沙龍，太性感的比基尼也因為影響動作的俐落而不在妳的考慮之列，對妳而言，做個水中鮫龍要比當個美人魚要過癮得多了。

白羊座泳裝

金牛座衣著

討論牛女郎的衣服之前，不妨先瞭解一下她的兩種主型，因為雖然牛女郎有共同的特性，但也各有特色，使得不同的衣裝造成不同的效果。不過，不論她是「乳肉牛型」的大號金牛佳麗，還是「寧靜牛犢型」的小號嬌娃，「實用性」與「官能性」均是她們穿衣的重要考量。

金牛屬於務實的土象星座，對生活的基本態度難以脫離「實用主義」，再漂亮的衣服，假使穿用的機會不夠多，她還是會忍痛割捨。她比較習慣先買可以常穿、在多種場合穿、最好還要耐穿的成品（但一個不切實際或浮華的上昇星座可能令她先買一套浪漫婚紗）。因此不論是換季大血拼還是跳樓大拍賣，牛女郎通常是整群瘋狂女人中少數不

致犯下大錯的人，她會固守著實用原則，先買下萬用搭配的黑長褲、白上衣、咖啡色的鞋子和米色的皮包。

但由於受「藝術之星」金星守護的關係，牛女郎往往也對衣物的質料、觸感與色彩樣式相當注意，不過美得過於抽象、不便的衣服倒未必吸引她，比如說太前衛的超時空金屬材質、純幾何立體剪裁的款式，就算是大師級的人體雕塑概念服裝，如果是不夠舒服，還是無法贏得她的青睞。這裡說的便是她穿衣著重的「官能性」，也就是對於衣物的舒適性與具體美感（相對於抽象美感）的興趣。綜合上述大體而言，運動休閒服與上班服將在她的衣櫥占據相當份量，樣式則以輕便休閒型、傳統保守型及溫柔淑女型為主。

對於乳肉牛型的牛佳麗而言，最要避免的譏笑是「俗氣」，比較花腦筋的衣著包括學生服、晚禮服與約會服。為了避免年紀輕的牛佳麗受到同學訕笑，如何表現苗條腰身與縮小胸圍成為牛老媽絞腦汁的功課，不過在此要建議牛老媽們，裹粽子式的調整型內衣可不能穿得太早，以免影響小牛女的發育；晚禮服方面，鄒美儀穿的那種閃亮高貴蝴蝶裝可以展現「環肥」的價值，假使走傳統路線，穿三噸金戴兩斤玉，依然會得到某些酋長的疼愛，而假如個性比較新潮，在耳鼻、肚臍打幾個洞，在衣物腰間或肩部強調打洞部位，將令牛女郎時髦搶眼，而具異國風味；比較麻煩的是約會時，為將就多數喜歡「燕瘦」的死腦筋男子，便須再下些工夫，此時調整型內衣是少不了的，服裝式樣的簡單大方與質料的垂墜性也多少可以幫一點忙。

相形之下，雖然不少牛女郎屬於典型的乳牛或肉牛，但寧靜牛犢型的牛女郎也不在少數，這些女郎往往眼神寧靜清澄、時而沈穩，移動時慵懶而優雅，但暗含內力（不論大號小號，你難得發現病美人型的牛女郎），此類佳麗裝扮的問題很少，可能僅次於天秤座，縱使她沒有學過形象設計，多半仍不致穿得太離譜，頂多死板些，而如果她星盤中還有些風象星座的優質影響，便往往出落得豔賽夏蓮、嬌欺春蘭。

金牛座女孩服裝概念

◎服裝類型圖

以輕便休閒、傳統保守與溫柔淑女為主，也有少數是屬於清純學生型。

◎穿著特性

※焦點指數 1 2 3 4 [5] 6 7 8 9

※流行指數 1 2 3 [4] 5 6 7 8 9

※變化指數 1 2 [3] 4 5 6 7 8 9

※愛美指數 1 2 3 4 5 [6] 7 8 9

※裝扮成功指數 1 2 3 4 [5] 6 7 8 9

◎幸運色彩

以珊瑚色為最典型，綠與白色也適合。

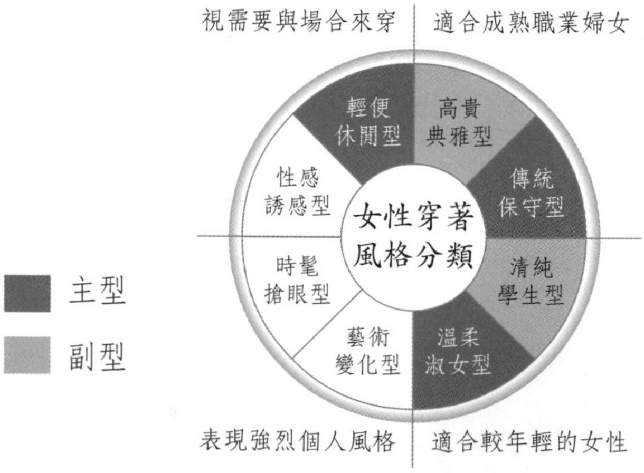

暖色：珊瑚紅、橙紅、翠綠、淺柔白、黃。
冷色：粉紅、玫瑰紅、綠松石色（淺藍綠）、純白、天藍。

◎幸運寶石

紅玉髓、白珊瑚、紅珊瑚、綠玉石、貴橄欖石、青金石、璧琉璃、鑽石、綠松石、藍寶、翡翠、苔紋瑪瑙、所有白色寶石。

◎小小叮嚀

❇乳肉牛型的牛女郎應多多注意飲食，以免身材走樣，造成裝扮上的不便。
❇乳肉牛型還要稍加節制裝扮上太過富麗的傾向，以免一不小心成了一棵熱鬧的聖誕樹。
❇小牛型的牛女在裝扮時，不妨偶爾放膽嘗試一下新鮮的事物，才不會被人看成LKK哦！

上班服

實用派的妳，喜歡購買基本款式的服裝，而且不特別追求變化，這樣的特質在上班族的裝扮上，應該是相當勝任愉快，至於對於良好質感的要求，也頗能符合職業女性裝扮的準則。

◎服裝

✻款式：較適合裙裝，貴婦型的牛女可穿著垂綴性良好的A字長裙或八片裙；小牛女宜穿窄裙，上衣可以選擇略具弧形線條的傳統式西裝，且必須有腰身才好。

✻質料：質感一定要好，套裝冬天以純毛料為佳，夏天可以選擇絲質或較細的麻質，搭配用的女性襯衫當然是柔軟的絲製品或是細的棉質。

✻色彩：白色是幸運色，可多用來作為襯衫或圓領衫，搭配其他中性色如黑、咖啡與藏青，顯得大方端莊。若要用圍巾，可使用橙紅或綠來點綴。

◎配件

※飾品：既然並不是天天隨著衣服換手錶，那麼可以選擇一支金銀雙色、式樣簡單的名牌貨（至少是質感佳的）。如性喜華麗飾物，應注意此時的耳環、項鍊不宜太誇張，以設計簡單的小型珠寶為佳。

※皮包：為配合較傳統的服裝款式，可以選擇端莊的手提包，或線條比較柔和的女用公事包。

※鞋襪：中跟的包頭淑女鞋，最適合搭配上班時的套裝，至於絲襪，保守的牛女還是習慣淺膚色。

◎髮型

微卷的中長髮，梳理得整齊清潔即可；頸子特別美麗修長的小牛女則可以將頭髮挽起，梳個清爽的髮髻也不錯。

◎化妝

淡妝是上班族應有的禮貌，愛美的牛女執行起來應是恰如其分，貴婦型的女郎要稍加注意不要畫得太濃，尤其是口紅的顏色不宜過分鮮豔。

金牛座上班服

約會服

牛女郎骨子裡的女性特質不嫌多也不嫌少，面對異性時所散發出來的女人味，頗能令一般男性悠然神往，因此約會時的妳完全不需要做作，就足以顛倒眾生了。

◎服裝

❇款式：軟質的洋裝將十分適合這樣的場合，貴婦型較喜歡裝飾性強的弧形剪裁，小牛型可以選擇簡單大方的合身式樣。

❇質料：柔軟細緻的質感是必須的，絲織品或質地佳的viscose 都很適合，貴婦型還要特別選擇垂墜感良好的料子，才能顯得苗條些（針織服裝就頗能達到這個效果）。

❇色彩：幸運色中暖色的淺珊瑚紅與黃色、冷色的粉紅與天藍色，都可作為洋裝的色彩，如果想傳達清純的感覺，就用全身的白好了。

◎配件

※飾品：垂吊式的耳環與服裝及髮型都能相得益彰，尤其是頸子美麗的小牛，更可以將耳環加長，以凸顯優點；而短的頸鍊也具有類似的效果。

※皮包：軟皮質的手提包，或是帶子細長的小型單肩背包，效果都不錯。

※鞋襪：女性化的小圓頭中跟鞋，腳背加上一條感覺清純的橫帶，或較成熟的縱帶均可，宜視服裝的款式來選擇搭配。

◎髮型

微卷的中長髮此時可以上個大卷子，鬆鬆的大波浪平添幾分浪漫，或抹上造型髮雕，製造一些潤澤感。

◎化妝

來點略為講究的彩妝，貴婦型還是應注意妝不要太濃，否則顯得老氣，而相反的，小牛女倒是要比習慣上保守的妝稍微加強一點，此時口紅色彩可以明亮些。

金牛座約會服

晚禮服

有著富麗裝扮傾向的牛女郎們，在晚宴時比較能好好發揮，即使穿上明艷豪華的禮服，多戴些昂貴繁複的珠寶，在這樣的場合，也算是恰如其分。

◎服裝

※款式：應該還是喜歡比較帶有女性特質的剪裁，如一些縐褶、荷葉邊等，下半身適合微微蓬起的裙子。

※質料：質地極佳的絨質閃著些許光澤，是最佳選擇，當然還是要考慮垂墜感，才能更顯苗條。

※色彩：身材太大的牛女郎可能還是會選擇黑色，否則橙紅、翠綠、桃紅、土耳其藍也相當不錯，倘有身材極佳的小牛女，一身純白保證成為目光的焦點。

◎配件

❋飾品：穿黑色禮服時，可搭配各式的綠色寶石，一定相當出色，紅白珊瑚，效果也佳；若穿其他較鮮豔的服裝，就搭配白色寶石吧！

❋皮包：小巧的手提包或細長的肩背包均可，為配合禮服的質感，可以選絨質的小手袋，用細繩縮起來，再綴上一些小飾物。

❋鞋襪：鞋跟有裝飾的尖頭細跟宴會鞋，麂皮或絨面均可，配上透明感極佳的絲襪。

◎髮型

中長髮此時最適合挽一個髮髻，鬆鬆地挽起，千萬別紮得太緊，如果有高雅或華麗的髮飾，當然也可以別上一個。

◎化妝

晚宴的妝是一定可以濃豔一點的，貴婦型的牛女此時正是如魚得水，小牛女就得加把勁了。雙層粉底、明亮的彩妝都是必需的。

金牛座晚禮服

休閒服

牛女郎雖然並不十分好動，對於休閒裝可也是一點不含糊，在郊遊時，為舒活筋骨、放鬆心情，會選擇既有機能性且兼具舒適性的服裝，寶貝自己一下。

◎服裝

❋款式：整套的運動休閒服，多半是有品牌的，或是polo衫搭配褲裙，既大方又有幾分女人味。

❋質料：一定是選擇上好的純棉，柔軟又吸汗，即使是褲子的質感也不會是太粗糙的。

❋色彩：休閒服的色彩大可鮮豔些，熱情的橙紅、桃紅，或明亮的黃色或綠色也不錯。

◎配件

※飾品：此時千萬不要太愛美，耳環、項鍊都可以免了，選一副適合自己臉型的銅質（幸運金屬）或亮面壓克力框太陽眼鏡就行了。

※皮包：較大的單肩背包，肩帶短短的，剛好在腰部附近，或袋口縮起來的水桶包也不錯，帆布或軟皮的均可。

※鞋襪：為了舒適與美觀，可以搭配柔軟的低跟淑女休閒鞋，襪子當然是100%的精梳棉。

◎髮型

將中長髮紮成俏麗的馬尾，或用髮箍將頭髮往後全部固定住，都是俐落又不失淑女形象的髮型。

◎化妝

這時並不真的需要化妝，但些許襯托自己膚色且又自然的口紅還是應該擦，就算不是長途跋涉在野外，也應該擦上必要的防曬產品。

睡衣

有些兒慵懶的牛女郎，窩在家的時間其實還算滿多的，睡衣對妳而言，應該是相當重要，妳不太會去買那些中看不中用的東西，睡衣也不例外，簡單舒適才是首要的原則。

◎服裝

❉款式：最好是寬大的睡袍，可以有一點荷葉邊裝飾，但是不能繁複到影響舒適性，或是輕鬆的睡衣褲也不錯。

❉質料：觸感柔軟舒適的上好棉質是不二的選擇，天氣較冷時，純棉法蘭絨的厚實感也頗令牛女心動。

❉色彩：粉彩的淺珊瑚色、粉紅、天藍，或是更清爽的白色，都很適合家居的氣氛，也能讓人放鬆心情。

金牛座休闲服

41 金牛座衣著

金牛座睡衣

◎拖鞋

喜歡溫柔觸感的牛女，很重視居家拖鞋，夏天妳會買一雙軟的充棉布質拖鞋，冬天腳上一定套著毛茸茸的絨毛套鞋，絕不能虧待自己的腳丫子。

◎內衣褲

貼身衣物對牛女而言，當然是絕不容忽視的，質料、剪裁、甚至小小的零件與車邊妳都會仔細檢查，務必保證其舒適性，太花俏的新款式，或是奇特的流行色反而未必吸引妳。

◎保養

因為不太愛運動，身材常是日漸嚴重的問題，建議愛美的牛女郎即使在家，也應按時做一些適度消耗體力的韻律操，或簡單的瑜珈也不錯，不只是鍛鍊身材，對皮膚的保養也相當有幫助。

泳裝

不太好動的牛女郎們，到了夏天偶爾還是有戲水的念頭，也許是靜靜泡水的時候居多，但還是需要一件美美的泳衣相伴。肉牛姊姊為了下水，得在春天多做些健美操，減掉幾公斤肉肉，才能找得到合宜的泳衣，穿起來效果較好的應該是連身的款式，太素淨的設計也許她看不上眼，因此或多或少總有些細部上的變化，如一些帶飾、釦飾、結飾等。而犢牛妹妹們的身材在此時可就更能發揮了，你可以根據自己出眾的審美眼光，挑一件既性感又優雅的泳裝，連身泳裝中有部分縷空再襯上薄紗的設計，將是妳的最佳選擇。

金牛座泳裝

雙子座衣著

許多方面，雙子嬌娃是幸福的，穿衣服便是一樁。典型的雙生女直挺而高（相對高度而非絕對高度），長手長腳，身材由中庸到纖瘦，很是一副衣架子；加上個性有活潑的一面，走起路來腳步又輕快，所以天生像個走秀高手。

基本上，雙子女人可以穿很多樣的衣物，從星際科幻裝到叢林狩獵裝無不有看頭，某某類的衣服穿在她身上可以發揮她身材的優點，但穿起某某類衣服也另有一番韻味。假如你不信，想想本世紀最性感的雙子（上昇星座）女人——瑪麗蓮夢露，從老態龍鍾的農夫影迷到她的服裝設計師，再到迷戀她的甘迺迪總統與她的作家丈夫，每個愛慕她的男人夢中都掛了幅夢露穿不同服裝的造型。

不過為了發揮她天生衣架子的優點，較普通的衣衫就留給其他星座女人去發揮吧，傳統保守型、輕便休閒型、清純學生型的服裝她穿了不是不好看，只是藝術變化型、時髦搶眼型、高貴典雅型的服裝將更能展現她的風格，烘托出水星之女的魅力。性感誘惑型的服裝她也很能穿（大家最記得的夢露造型之一便是她穿上那件削肩低胸細褶貼身禮服的模樣），但這類造型只要一失去「智慧」的成分，便不大能發揮雙生女的本色：她也許偶爾滿能調調情，但那種汁液倒流、肥肉橫陳的場面實在並不是她能輕易應付的，這是因為她是著重智慧的風象星座子民，而不屬於著重情感、肉感或精神意志的其他星座。

溫柔淑女型的服裝她也很能穿，但這也並非雙生女的真色：她絕非靜態的木頭美人。

在繁花似錦的六月降生的雙子嬌娃自然與繁麗多樣的裝扮相搭配，我有一個雙子學姊，她的行頭從衣櫃一直流瀉到門外的樓梯，各種衣衫裙褲之類的服裝就不必說了，從頭巾、造型金粉到鞋襪腳環更是令人嘆為觀止，假如由她主辦世姐選賽，所有嬌娃不必置裝，光跟她借就夠秀幾場了。總之，在配件上取勝是雙生女擊敗其他星座女人的倚天劍。

由於雙子主管手部，多半的雙生女縱使不會刺繡也滿能苗女弄杯一番，厲害的甚至會使桃花島黃蓉的蘭花拂穴手，因此強調手部特色的袖套、手套、臂釧、戒指等等將特別陪襯出雙生女的靈巧妖嬌。

變動星座的雙生女也適合對比強烈或是分割型的裝扮，這是因為這個女人有著豐富的靈魂，單調是她的最怕，因此變化多、甚至矛盾的打扮比較能給她安全感，這與安土重遷的中國人性格很不一樣，幸好我們這個時代滿受雙子磁波的影響，大家比較能接受雙子的個性，否則雙生女的日子便難過了。

講到文化因素對衣著的限制，雙生女在中國這種比較傳統保守的國家上班時應當注意一下，太多變化的漂亮裝扮雖然引來驚嘆，但碰上豬哥的老闆難保不受到騷擾。另一方面，遇到不解風情、只重效率的老闆，也可能被指責為勾引同事、破壞辦公室工作寧靜氣氛。除此之外，安心為妳自己服裝設計去吧！

雙子座女孩服裝概念

◎服裝類型圖

以藝術變化、時髦搶眼型為主，由於她的多變，其他幾種類型也都能穿。

◎穿著特性

※焦點指數	1	2	3	4	5	6	7	**8**	9
※流行指數	1	2	3	4	5	6	7	8	**9**
※變化指數	1	2	3	4	5	6	7	8	**9**
※愛美指數	1	2	3	4	5	6	7	**8**	9
※裝扮成功指數	1	2	3	4	5	6	**7**	8	9

◎幸運色彩

以橘色為最重要，黑與淺灰為次要，各種方格色

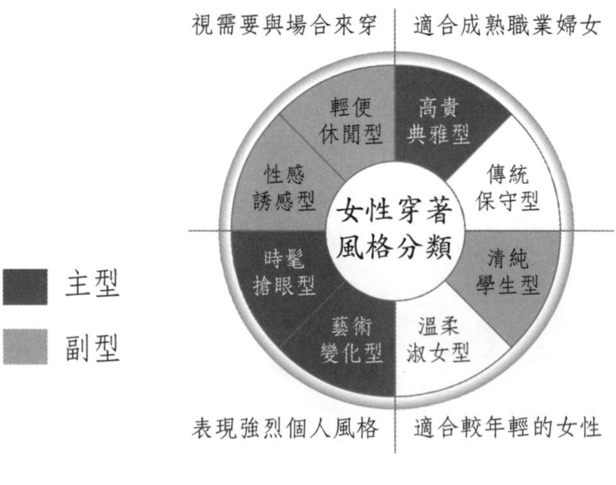

塊與棋盤狀圖案均適合。

暖色：橙色、磚紅、檸檬黃。

冷色：櫻桃紅、天藍、深藍灰。

◎幸運寶石

黃晶、黃玉、瑪瑙、打火石、藍晶、藍綠玉、玻璃、混塞石、液態金屬、大理石、紅玉髓、石榴石。

◎小小叮嚀

❋喜愛變化的妳，最好勉強自己將服裝類型稍微控制一下，以免家中衣櫥爆炸。

❋求變當然也喜歡求新，換季大拍賣時，請千萬克制一點，要不然就是將信用卡留在家裡。

❋萬一工作環境比較傳統，同事與老闆都是保守派人士，上班的裝扮最好能適時適所的調整一下，免得嚇到別人。

上班服

喜歡變化的妳若能找到較富創意的工作，那真是如魚得水，在穿著上也較能發揮，但萬一所處環境不允許，還是得勉為其難，將太有冒險精神的裝扮留待休閒或約會吧！

◎服裝

✻款式：為展現修長的雙腿，可以穿著短窄裙，不太嚴肅的工作，裙子可以縮短到膝上10公分左右，而直筒長褲也很能表現長腿姊兒的優點，上衣可略具現代感，但式樣最好不要太前衛。

✻質料：對於各種新的材質都能接受，因此經常是穿著多種原料混紡的新纖維，一般說來，上班服以較硬挺的質料較為適合，這也頗符合妳略帶中性的個性。

✻色彩：以黑、灰色為基本色再配上一些較鮮豔的橘色、檸檬黃、天藍、櫻桃紅等。

◎配件

✻飾品：妳的飾品之多，已經可以用「收集」這樣的動詞了，手錶當然是要隨著服裝的款式色彩搭配，耳環、項鍊少不了，手環、戒指切記不要戴太多個，以免太引人側目。

※皮包：單肩背的尤其是長的帶子，必要時還能像書包那樣側著斜背最好，但上班時最好不要將肩帶放得太長，否則顯得不夠正式。

※鞋襪：因為腿兒美，常忍不住想在襪子上作怪，但夏天上班時，還是只能穿無裝飾的透明絲襪，當然色彩上可以配合裙子。喜歡綁鞋帶的鞋子，可以選擇腳被有些細帶子交叉的式樣。

◎髮型

喜歡清爽的髮型，由於手巧，梳理頭髮對你而言並不是一件難事，可以燙個稍卷一點的短髮，便於變化式樣，上班時梳得稍微整齊一點就行了。

◎化妝

多變的妳，對化妝的興趣還算滿濃的，會願意去嘗試各種流行彩妝，但上班時還是以基本的淡妝為宜，避免用太奇特的色彩。

雙子座上班服

約會服

下班了，約會去，當然不會放過這個充分發揮的大好機會。記住！如果對方是剛認識不久的新朋友，請不要變化得太厲害，一來怕他可能認不得妳，二來弄不好把人家嚇跑就慘了。

◎服裝

❈款式：當季流行的泡泡裙、五分褲，都能展現妳修長纖細的美腿，配上頗有女人味的袖套式露肩上衣，不僅可以小秀一下美美的手臂，更有一種含蓄的性感。

❈質料：多半是採取不同質料的混合穿法，厚薄軟硬不拘，不過如果要強調一下女人味，別忘了總該有一件是屬於軟的料子，才顯得溫柔可人。

❈色彩：幸運色中的橙紅和妳善於表達的人格特質頗能相得益彰，暖色的人可以穿著橙色或檸檬黃，冷色的人穿著鮮豔的櫻桃紅，顯得活潑動人。

◎配件

✻飾品：配合服裝的各式裝飾品妳都不會放過，個性化的耳環、項鍊和手環、手鍊，還可以選擇一、兩枚造型特殊的戒指。

✻皮包：簡單大方的單肩短背包，或是和服裝連成一氣的時髦腰間包及臀包，都能與妳的服裝搭配出不錯的整體效果。

✻鞋襪：一些平時上班不能穿的有趣的襪子，有花紋的絲襪、網襪或五花八門的裝飾短襪，配上流行的娃娃鞋，或是光著腿穿上一雙夾腳涼鞋也不錯。

◎髮型

為了表現刻意的裝扮，可以將頭髮吹出不對稱的效果，比如說誇張的單側瀏海，或是一側整齊另一側凌亂的雙面嬌娃髮型等。

◎化妝

此時的彩妝比較能夠發揮，當然太前衛的妝也許顯得不夠賢淑，但用一些當季流行的色彩倒是不為過，然而口紅的顏色還是要嬌嫩一點比較討好。

晚禮服

晚宴裝最能表現妳的創意，就算是郝思嘉式的古典蓬裙，也能在神來一筆的搭配下，穿出自己特有的矛盾美感，但以妳的個性，還是以較具現代感的形式最能達到衣人合一的境界。

◎服裝

❇款式：喜歡具備雙重性的式樣，比如說左右不對稱、上下風格不一致，或同時使用兩種花紋等等，在剪裁上別忘了秀出最令妳自豪的美腿與美臂。

❇質料：各種材質都有可能，如果有兩種不同質感放在一起就更加稱心了。硬挺的麻搭配柔軟的雪紡紗，泰絲配蕾絲，針織加上丹寧布（denim），越是不協調，越是趣味橫生。

❇色彩：採用大膽的對比配色最能滿足妳作怪的渴望，橘色配上艷紫，櫻桃紅配上鮮綠，或乾脆一身閃亮的螢光檸檬黃也滿搶眼的。

雙子座約會服

雙子座晚禮服

◎配件

※飾品：終於到了這個能夠作怪的場合，大型的耳環、項鍊，當然還有妳鍾愛的手環、臂環和戒指，珠寶盒裡的家當讓它秀個夠吧！

※皮包：硬質的小型宴會包，如壓克力或金屬材質，配一條長帶子或鍊子，可以肩背或斜背。

※鞋襪：來一雙細長帶子的高跟涼鞋，一路交叉綁到膝蓋或大腿，絲襪當然就省了。

◎髮型

短而卷的髮型，在此時可先抹上大量的髮雕，用手將頭頂與前額的部分抓成尖而翹的突起，就成了新潮辣妹了。

◎化妝

以具現代感的流行彩妝，搭配晚宴服裝，最能相得益彰，閃亮的眼影、腮紅，螢光粉紅的唇彩，再來點造型金粉，宛如精靈般動人。

休閒服

好動的雙生女其實有不少時間是穿著休閒服的，修長纖細的體型、輕快矯健的身手，加上一顆彼得潘的赤子之心，很能將休閒服穿出特有的味道。

◎服裝

※款式：窄管的牛仔褲、緊身的踩腳褲，或是時髦的五分馬褲，配上寬鬆舒適的T恤，瀟脫極了。

※質料：棉或麻製品，帶一點彈性纖維的混紡質料，只要是感覺輕鬆的，都是不錯的選擇。

※色彩：鮮豔的橙紅、櫻桃紅、帶黑的棋盤圖案或是蘇格蘭的紅綠藍格子都是活力十足。

雙子座休闲服

◎配件

✻飾品：就算是休閒，妳還是忍不住要戴上一些叮叮咚咚的配件，個性化的耳環、手環，充滿裝飾意味的太陽眼鏡都是不可少的。

✻皮包：清爽俐落的雙肩背包，或是斜背的僧侶軟袋，都能將雙手空出來活動，很適合活潑好動的妳。

✻鞋襪：各種花色豔麗的休閒襪，加上時髦的高筒厚底休閒鞋，此外，麻質的薄底便鞋也頗能得到妳的青睞。

◎髮型

短的卷髮可以抹上一點造型泡沫，讓卷度自然而服貼的呈現，就算是風吹或流汗也不用擔心變形。

◎化妝

戶外活動機會頗多的妳，千萬不要忘了防曬，心情好的時候不妨試試最流行的彩妝，不論是晒傷妝，還是美人魚妝，到了妳的臉上，總是別有幾分俏皮趣味。

睡衣

活潑好動又愛說話的雙生女，並不太重視睡眠，睡前拿著電話筒找人聊天，可能比上床睡覺更吸引妳，床邊運動也可能是妳經常會作的助眠活動，因此睡衣一定要方便行動才行。

◎服裝

※款式：上下分開兩截式的睡衣褲，或是一件式的連身衣褲也不錯，寬鬆一點或有伸縮性，才不會礙手礙腳。

※質料：最好是彈性佳的棉織品，類似運動衫的質料，不要太厚重，輕便感對妳而言，相當重要。

※色彩：顏色在此時終於可以安靜一下了，粉紅、天藍、淺黃都適宜，當然也有極不安分的好動份子，連睡衣也偏要選擇強烈的黑或豔麗的橙色。

◎拖鞋

喜歡輕鬆的夾腳拖鞋，或是大拇指有環狀指套般的雙環拖鞋，最好是沒什麼重量的泡綿製品，可以自在地在家裡晃來晃去。

◎內衣褲

基於好奇，妳會有一整個大抽屜的內衣褲，從純白學生型平口褲到性感香豔的丁字褲，運動內衣到會呼吸的魔術胸罩，總之是應有盡有，至於今天該穿哪一件，那就只有隨機應變嘍！

◎保養

瘦長型的妳大半有著修長的四肢或美麗的雙手，為了在夏天好好展現一下，平日應該作一些身體保養，沐浴後在雙腿擦上乳液，睡前也別忘了替雙手雙腳抹上一層身體潤膚霜，戴上這樣的隱形護膚套，保證皮膚「幼咪咪」。

雙子座睡衣

泳裝

雙生女的好動是有名的，運動細胞也頗為發達，一到夏季，自然少不了要做些水上活動，不論是潛入深海一探龍宮奇景，或是揚帆大洋與鯨豚同游，充滿好奇心又身手矯捷的你，總不會缺席的。由於生就一副修長纖細的好身材，可以說是天生的泳裝模特兒，哪一種款式穿上身都一樣的婀娜多姿，只不過基於行動上的方便性，妳比較偏好運動型的泳裝，畢竟妳不同於那些單單躺在沙灘上做日光浴就滿足的懶美人，因此鮮豔的兩截式T恤型泳裝應該才是妳的最愛。

雙子座泳裝

巨蟹座衣著

如果一定要選蟹女郎穿哪種衣服最美麗，占星家多半會勾選圍裙和孕婦裝。巨蟹以出產愛心母親聞名，而發揮母性魅力的地方正是廚房，所以選美大賽如果有一局是穿圍裙出場，眾美便只好將后冠獻給蟹美人。自然，妳不能學「東京情色派」那樣單穿件圍裙與男人調情，但在妳衣櫥裡加幾件帶圍裙風味的行頭，會在許多時候發揮無比的功能，譬如與心上人的娘共進晚餐時，展現一下妳廚娘的風姿，肯定加速你們的婚期。

孕婦裝也是巨蟹的最愛，穿在妳身上，戀愛中的女人光彩都會被妳比下去，這是因為巨蟹主管子宮的緣故。自然，妳不打算天天穿孕婦裝，但準備一些高腰碎褶的娃娃裝，仍然可在某些時候達到效果，例如不幸碰到色狼時。

每一個星座都有數種基本長相，巨蟹也不例外，主要包括滿月型與螃蟹型。滿月型的蟹子是娃娃臉、中個頭，身體、臉蛋圓圓的，常帶笑容，周身皮膚柔軟細嫩，眼圓而嘴寬，上身比下身大。螃蟹型頭較大，眉骨、顴骨較高，牙齒不十分整齊，可愛的瞇瞇眼距離稍寬，身材嬌小而四肢纖細。設計服裝時應該要考慮她們不同的體型相貌，才更能展現蟹女郎的魅力。

為了顯得高䠷，同時避免上身較大的困擾，滿月蟹可穿著合身的踩腳褲，配上軟質的寬鬆上衣，長度只要是遮住臀部就行了。甜美的娃娃臉最適合帶有青春氣息的少女裝，而光滑白皙的肌膚更別忘了時時小露一手，夏季裡最時興的無袖露肩小洋裝相當適合。此外，豐滿的胸部也是妳的重要本錢，在恰當的場合，一襲酥胸微露的禮服，真不知要羨煞多少人。

至於嬌小玲瓏、四肢特別細的螃蟹型女郎，可穿著長裙搭配短上衣，或乾脆套上連身的娃娃裝，高腰線、長裙襬、再加上色彩的連貫性，能讓人顯得較為修長。手臂太細的妳最好避免硬挺的包袖或較寬的七分袖，紗質長袖則很能修飾手臂的小問題。

不論哪一種蟹女郎，溫柔淑女、傳統保守與高貴典雅型的服裝都較能發揮妳的特色。

由於巨蟹重視家庭生活與溫情，舒適又優雅的居家休閒服是絕對不可或缺的，只憑著幾件質軟、寬鬆又具設計感的袍子，就能為心情幅度變化不小的蟹佳麗帶來相當大的慰藉。也許妳聽說過蟹子非常注重經濟，真相是——這位摳錢高手也重視品質，往往她會把品質、風格放在價錢的前面優先考慮，因為她認為一件漂亮有樣的衣服勝過十件廉價但哪裡都穿不出去的衣服。所以多注意換季打折、關店切貨的消息，可滿足妳理財的興趣，而多參考專業服裝雜誌、多逛精品服裝店、多請教形象顧問仍是幫助妳穿出價值感的不二法門。

巨蟹座女孩服裝概念

◎服裝類型圖

以溫柔淑女、傳統保守與高貴典雅型為主。

◎穿著特性

※焦點指數 1 2 3 4 5 [6] 7 8 9

※流行指數 1 2 3 4 [5] 6 7 8 9

※變化指數 1 2 3 4 5 [6] 7 8 9

※愛美指數 1 2 3 4 5 [6] 7 8 9

※裝扮成功指數 1 2 3 4 5 [6] 7 8 9

◎幸運色彩

以皎潔如月的感覺為主色調。

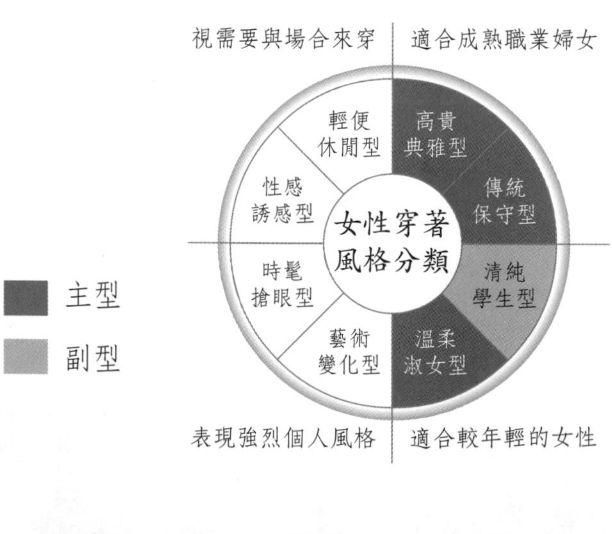

暖色：乳白、乳黃、湖綠、珊瑚紅。

冷色：純白、銀白、水藍。

◎幸運寶石

月石、珍珠、蛋白石、紅寶石、翡翠、玻璃製品、各種水晶、所有軟石、藍晶、白鐵、透明石膏。

◎小小叮嚀

※極為情緒化的她，即使碰到了初一、十五，就算心情再低落，也不能完全不顧形象，還是得適度裝扮一下。

※個性中母性傾向較重，但如果身為上班族，衣著仍是不宜太過女性化，否則會顯得不夠專業。

※由於個性不致太過衝動，可以多多把握換季打折的機會，挑選到十分物美價廉的衣物。

上班服

個性偏向女性化的蟹女郎一旦走入了辦公室，能力也是有目共睹的，只是在穿著上別忘了要稍微收斂起濃濃的母性，不妨選擇剪裁較中性但質地柔軟的服裝，才能贏得更多的信任與重視。

◎服裝

❉款式：可以選擇一件式的洋裝，外面加上一件外套，或是成套的針織裙裝也很理想，身材嬌小的人，記住上衣不要太長，裙子則可長可短，若腿的比例太過細小，可穿著長至小腿肚下的長裙。

❉質料：重質感的妳一定會選擇上好的質料，比如說柔軟又四季皆宜的絲織品，垂墜感佳的viscose 也是妳很中意的。

❉色彩：幸運色中的白色正適合搭配各種其他色彩，因此可以選擇一些不過於嚴肅的中性色，如豆沙紅、銀灰、湖綠等，搭配柔和的白。

◎配件

※飾品：幸運寶石中的珍珠最適合溫柔的妳，而且又能表現職業婦女的端莊，因此可以多多選用珍珠的項鍊、胸針或耳環，成套的戴感覺更加隆重。

※皮包：較女性化的手提皮包頗能搭配妳的軟性服裝，或是中長的軟質背包也相當適合。

※鞋襪：妳比較中意規規矩矩的淺膚色絲襪，配上淺色的中跟淑女包頭鞋，個子嬌小的人可以適度加高鞋跟，並使鞋與襪的色彩趨向一致，會顯得較為修長。

◎髮型

中長的微卷髮型，上過卷子，梳理得整整齊齊，最能表現妳的淑女形象，或是將頭髮吹成向內卷的乖乖女學生髮型也相當不錯。

◎化妝

符合妳的本性的淡雅彩妝就很適合在上班時使用，皮膚白皙的妳可以不上粉底，輕輕撲上蜜粉，點上色彩自然的唇膏就行了。

巨蟹座上班服

約會服

◎服裝

約會時的蟹女郎，婉約動人的女性化裝扮，恰能擄獲不少異性的心，而此時幾乎不必刻意雕琢，妳的溫柔人人都能輕易察覺，對蟹女郎而言，真是約會萬歲！

❋款式：搖曳生姿的寬襬長裙在此時最能發揮妳的魅力，蝴蝶結、荷葉邊或泡泡袖，這些可愛的小點綴，儘管穿上身吧！此時此景是再適合不過了。

❋質料：輕柔細軟的雪紡紗，有點半透明的，或有著小碎花圖案的細緻布料，最能表現妳的淑女特質。

❋色彩：一襲純白或乳黃頗有清純的美感，若想增加一些甜味，暖色的珊瑚紅、冷色的薄荷綠，都能帶出好效果。

◎配件

※飾品：珍珠還是不二選擇，單粒的珍珠耳環顯得楚楚動人，短的珍珠項鍊倍增賢淑美感。另外，銀飾較富現代感，有時也可以一試。

※皮包：軟質的手提包最能搭配淑女的裝扮，夏天還可以試試草或藤編的提籃，如果上面還綴有色彩繽紛的花朵就更美妙了。

※鞋襪：穿長裙時可以穿著細跟的涼鞋，絲襪就省了，冬天則可配上秀氣的繫帶尖頭短靴，都能營造動人的足下風情。

◎髮型

中長的微卷髮可以向外吹成復古的外翹式髮型，將更能賦予淑女式服裝配件一種現代感。

◎化妝

約會時的妳，可以試著上一點較時髦的彩妝，抹上透明感極佳的粉底，以及正流行的淺色眼影，嬌豔的粉色系唇膏，會使妳份外嬌俏。

晚禮服

蟹女郎雖然並不以魅惑著稱，但由於女人味夠濃，出現在晚宴時，通常輕易就能抓住別人的眼光，皮膚白皙細嫩、胸部豐腴的妳，最適合在這種場合小露一手。

◎服裝

※款式：妳會喜歡較傳統的禮服式樣，比如說夢幻公主式的蓬蓬裙，但上衣應該可以較為現代些，最好是低胸的細肩帶或露肩的軛圈領型，都能表現妳的好身材。

※質料：較硬挺的紗質、泰絲或山東綢都很適合用來製作寬襬蓬蓬裙，上衣部分則有時可以變化一下，使用摻有彈性成份的質料，感覺會更為舒適。

※色彩：白色優雅，銀色高貴，而神祕的黑更能襯托妳的白皙肌膚，顯得格外晶瑩剔透，這些都是很好的選擇。

巨蟹座約會服

巨蟹座晚禮服

◎配件

※飾品：搭配無彩色的禮服，各種不同顏色的寶石都能上場，要造成對比的效果，就用鮮豔的紅寶與翡翠，要產生協調式的美感，透明的水晶、溫柔的蛋白石都很適合。

※皮包：晚宴時的淑女小皮包式樣很多，其中以軟皮質、絨質或更華麗的錦緞做成的小袋子，最能將蓬蓬裙的味道表現出來。

※鞋襪：緞面的尖頭細跟淑女鞋是你的最佳拍檔，當然還要配上極透明的淺色絲襪效果更佳。

◎髮型

為了表現慎重，不妨將頭髮細心地挽起來，浪漫的法國髻或是溫婉的公主式髮辮，都能貼切地展現妳的淑女氣質。

◎化妝

晚宴時的妝比平時要正式得多，除了眼妝與唇色的加強，還可以用點較深的修容粉餅，將妳圓圓的臉頰輕輕描繪出一些立體感。

休閒服

恬靜的蟹女郎並不特別鍾情於戶外活動，穿得最多的休閒服可能是居家休閒服，當偶爾參與一些不十分費力的郊遊旅行時，妳的穿著大概還是所有人當中最淑女最優雅的。

◎服裝

※款式：居家休閒服中，妳最喜歡的款式就是圍裙式的罩袍，穿起來寬鬆而自在。如果是郊遊，妳也會換上牛仔褲，不過應該還是既乾淨又整齊的那一種。

※質料：棉或麻質的罩衫穿起來最舒服，垂墜性好的rayon顯得修長，長褲可選較細緻且較不易褪色的丹寧布。

※色彩：妳是少數會穿白色牛仔褲的人，上衣的色彩不妨鮮豔一點，草莓紅、土耳其藍、翠綠都不錯。

◎配件

※飾品：一頂寬邊的草帽，後面飄著一只大蝴蝶結，是妳的最佳拍檔，一副小巧的太陽眼鏡也是必要的配件。

※皮包：一只草編的提籃，有點野餐籃的味道，很適合母性十足又不太怕麻煩的妳，冬天可以選用皮質的編織包。

※鞋襪：秀氣的女用休閒布鞋，傳統的短統繫帶子式樣頗能贏得妳的青睞，邊緣綴有蕾絲的少女短襪配起來更是相得益彰。

◎髮型

中長髮可以用髮箍或彈性髮圈向後固定，較長一點的頭髮還可以梳成一束馬尾或編成髮辮，看起來清爽宜人。

◎化妝

白皙的妳此時完全不用粉底，但千萬不要忘了防曬，此外還需要上一點自然的口紅，粉紅或粉橘色都是不錯的選擇。

巨蟹座休閒服

睡衣

喜愛居家生活的蟹女郎自然相當重視睡衣，妳會有不只一種款式的居家服和睡衣，情緒化的妳，在這方面完全是跟著感覺走的。

◎服裝

❇款式：平日的居家活動，妳會選擇寬鬆的圍裙式罩袍，到了要上床，換上一襲舒適的短洋裝睡袍才能睡得更香甜。

❇質料：細緻的純棉織品、觸感極佳的絲質都是妳的最愛，冬天妳會喜歡柔軟舒適的棉織料子。

❇色彩：淺而柔的色彩很適合睡眠，除了白色，不妨試試粉彩的珊瑚紅、湖綠、水藍、乳黃，都能營造出溫馨的居家氣氛。

◎拖鞋

蟹女郎的行動並不迅速，喜歡平穩的生活步調，但由於擅烹調，應該準備一雙防滑的拖鞋，鞋面要透氣，不要包滿，鞋底要有止滑的膠質。

◎內衣褲

妳的身材特徵之一就是擁有豐滿的胸部，因此即使在家中，也要注意胸部的保養，可以選擇舒適吸汗的棉質居家胸罩，支撐力必須良好才行，至於其他內衣褲的式樣，只要有女人味，都能贏得妳的青睞。

◎保養

膚質細緻白嫩的妳，一定不會忽略平日的臉部保養，定期去角質、按摩、敷臉缺一不可，還有身體的皮膚保養，也應該一併做到，沐浴後別忘了抹上一點身體乳液。

巨蟹座睡衣

巨蟹座泳裝

泳裝

喜愛閒適居家生活的蟹女郎在哪一種情況下才會加入熱鬧滾滾的水上活動呢？當然是全家出動的親子樂園戲水遊，要不就是成雙成對的夕陽沙灘踏浪行，否則還很難請得動妳。細皮白肉的蟹女在此時別忘了作好防曬措施，撐把小陽傘是個好主意，傘下的妳，多半是穿著一件連身泳裝，式樣略為保守，但在花紋與剪裁細節上，絕對是夠女性化的，而各式長的短的沙龍裙則是妳的良伴，鬆鬆的繫在腰際，一方面可以修飾臀部曲線，顯得身材分外動人，一方面藉著搖曳的裙襬，更增添了幾分嫵媚。

獅子座衣著

時屆盛夏，豔陽邁入獅子星宮的領域，散放無盡熱力，令萬物成長；相對應的，獅子佳麗也總是散發熱情的磁波，感染到周遭病奄奄的人們身上，令他們積極樂觀起來。這樣一種艷放的生命，服裝設計師為她們裝扮時，自然不能忘記「豔麗」這個原則。

偶爾你會碰到一個喜歡把自己扮成夏天的聖誕樹的母獅，豔紅、鮮黃、亮藍的大花朵圖案包住一身，外帶鑽戒、領巾、王冠、寶石耳環，腳上踩的是金色漆皮高跟鞋，手上挽的是綴滿亮片的珠包，但這是打扮概念不夠成熟的母獅，只要她一上完形象設計的課，多半會改掉「俗麗」的缺點，轉而綻放向日葵的明麗、天堂鳥的豔麗或者熱帶蘭的嬌麗。

典型的美獅后如賈桂琳‧歐納西斯威風而高貴，肩寬從用不著墊、臉型橢圓、胸部發達，一看即知適合披上又貴又艷的綾羅綢緞、蟬翼雪紡。假如你問賈桂琳衣櫃裡都放些哪類衣物，答案當然是價格不菲的晚禮服，你說她是第一夫人當然不需上班服和約會服，但她年輕的時候也是如此，與她約會她有時也穿得好像參加蘇聯總統歡迎會一樣。至於服裝型式，時髦搶眼、高貴性感的服裝自然最適合母獅，不過，賈桂琳的高爾夫裝和海灘裝也不少，這位熱愛陽光的女孩，正式裝扮起來雖然夠看，但由於是陽剛的火象星座，她性格中野男孩的一面也很重要，尤其在她年少和年老不想吸引男人之時。

大獅雖是獅子座主型，但東方獅子體型小的不在少數，不過即使是小獅，艷麗原則仍然適用。

由於比較重視華麗，但未必在意正式性，獅美人的禮服與重視正式場合的摩羯美人的禮服仍有差異：後者中規中矩，不逾禮儀；前者較注重服裝效果，稍微違反社會規範無妨。

你說所有女人有時都寧願要衣服不要老公，但現代母獅可是數一數二的這般衣痴，這個女人能力太強，幾乎從來不需要男人養，她的情感也有一定程度的獨立性，並非沒男人便過不下去，加上現代又有人工受孕等生殖科技，想要小孩的話，也不是非有男人不可；相形之下，衣裝可展現她的風格、襯托她的個性、強化她的韻味，實在比男人價值高。所以，假如你想吸引母獅注意，阿諛她之外，最好的辦法之一便是送她衣櫃和衣裙。

剛剛講到運動服也有其重要性，但這並不表示她能接受那種三件一百的「抹布」（母獅認為不夠好的衣服最好別上身），不論何種衣物，價錢從不是獅女郎會考慮的。她也不打算穿過於拘謹的運動服，遊戲就是遊戲，玩的時候就別太講究款式設計，這是她的觀念。方便、隨意而豔麗很可能是她的最愛。

獅子座女孩服裝概念

◎服裝類型圖

以時髦搶眼型為主，偏好高貴，典雅則還得看情形，運動休閒型與性感誘惑型有時也頗能表現。

◎穿著特性

※焦點指數 1 2 3 4 5 6 7 8 [9]

※流行指數 1 2 3 4 5 6 7 [8] 9

※變化指數 1 2 3 [4] 5 6 7 8 9

※愛美指數 1 2 3 4 5 6 7 8 [9]

※裝扮成功指數 1 2 3 4 5 [6] 7 8 9

◎幸運色彩

以熱情如火的橙紅、金黃為主。

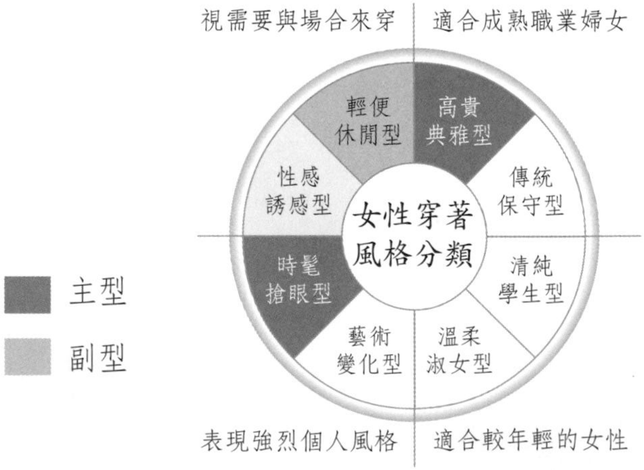

暖色：橙色、金色、琥珀色、棕黃、橄欖綠。

冷色：桃紅、藍色、紫色。

◎幸運寶石

紅玉、紅寶石、紅風信子石、貓眼石、鑽石、貴橄欖石。

◎小小叮嚀

✻喜愛華麗感的女獅，最好先上上形象設計的課程，並且多多培養一些好品味，才能穿出高貴的質感。

✻豔麗的裝扮在某些場合不見得恰當，比如說在白天穿著上班服時，應該稍微收斂一些。

✻對名牌的崇拜與熱烈支持，會造成荷包大量失血，必須有所節制，才不會弄得天怒人怨。

上班服

喜歡華麗誇張的獅女郎，如果身為上班族，想必有點不能盡興，妳所最愛的裝扮方式除非是身處較自由的行業，或已經攀升至高級主管的階層，若是女老闆或是老闆娘當然就更沒話說了，否則還是暫時收斂些的好。

◎服裝

※款式：為了顯出身分與氣派，妳會不惜巨資買些名牌的上班服，因此款式上最好是簡單大方的套裝，例如CHANEL式的基本圓領套裝就很恰當。

※質料：比較硬挺的質料，如夏季的山東綢、上等質地的亞麻或冬季的純毛，最能顯出妳不凡的氣勢。

※色彩：即使是工作的場合，妳還是比一般人更偏好鮮豔的色彩，不過最好是以黑色作為搭配，對比性強而耀眼，又不失專業形象。

獅子座上班服

◎配件

※飾品：身為上班族，飾品的尺寸不能太大，耳環不要超過十元硬幣的大小，寶石以單顆鑲嵌最適合。

※皮包：高級的淑女公事包或是款式偏中性的手提包，和剪裁大方的套裝最為速配。

※鞋襪：名牌絲襪最能襯出腿形的美好與皮膚的細緻，配上細跟尖頭包鞋，多半是進口名牌，好穿又好看。

◎髮型

妳比較偏好蓬鬆的卷髮，但此時的髮型必須梳理整齊，因此應該用髮雕與髮膠固定一下，讓它至少要顯得亂中有序才行。

◎化妝

上班的場合比較不適合太濃的妝，妳也許得勉強自己用一些看似無趣的色彩，如咖啡或灰色的眼影及眼線，磚紅、酒紅色或正紅的口紅等。

約會服

想和獅女郎約會，心裡可要有點準備，自信不足的男性千萬不要隨便嘗試，不論走到哪裡，她總是焦點人物，而獅女一旦發現忠誠可靠的獵物，在約會時，有時會刻意裝扮成溫柔的小貓，也好早點擄獲對方的心。

◎服裝

※款式：熱情的妳會選擇迷你短洋裝，或是能表現好身材的貼身褲裝，搭配緊身的短上衣，讓人一見眼睛立刻一亮。

※質料：有彈性有光澤的質料，如viscose和萊卡的混紡，或是昂貴的真絲、純毛等。

※色彩：大型花朵或動物毛皮圖案都頗能展現活力，如果是素色的，也總有一部分是鮮豔的紅或黃。

◎配件

※飾品：新潮的小飾品是少不了的，比如說蝴蝶、蜻蜓別針，或心形的項鍊、耳環等，替自己的裝扮更添顏色。

※皮包：單肩背的短背包或是手提的袋子，色彩要配合服裝，要不然透明的塑膠材質也很亮麗。

※鞋襪：時髦的厚底涼鞋、鞋尖翹翹的娃娃鞋或是扁平的細帶子拖鞋，露出裝扮得十分亮麗的腳指甲，真是從頭炫到腳。

◎髮型

燙成中卷的短髮，可以上個大卷子set一下，再梳理出較整齊的復古髮型，既時髦又顯得溫柔賢淑。

◎化妝

畫個甜甜的彩粧吧！上一層淡淡的粉底，別忘了在兩頰抹上粉紅色的腮紅，眼妝可以用點新潮的色彩，搭配今天的服裝，口紅當然是亮亮的果膠效果最好了。

獅子座約會服

晚禮服

沒有人比獅女郎更適合出現在晚宴的場合，寬敞的大廳，巨大的水晶吊燈，華麗的音樂伴奏，身著及地長禮服的獅女雍容無比地走進來，一身晶瑩的亮片，七彩孔雀羽毛披肩，全套的鑽石配飾，但真正讓妳傲視群雌的，卻是那不可一世的王者之風。

◎服裝

❊款式：妳喜歡具有誇張設計感的晚禮服，合身型的一定是曲線畢露加上高衩，蓬鬆型的當然要比公主的舞會裝還要華麗才行。

❊質料：閃閃發光是必要條件，因此綴滿亮片的昂貴蕾絲布，或摻雜著金蔥的高級綢緞，最能滿足妳的要求。

❊色彩：在一片黑壓壓的禮服當中，妳通常是最搶眼的一身鮮紅，熱情的紫洋紅、高貴的櫻桃紅或是惹眼的草莓紅，都能讓妳成為場中的焦點。

◎配件

※飾品：超長的大型耳環、鑲工繁複的項鍊，尤其是成套的珠寶，都是你的最愛，與服裝色彩協調的紅寶石或無色的鑽石，都能搭配出好效果。

※皮包：整個金色或銀色的硬質小型手拿包，或綴滿寶石的軟質手袋，都能將整體的裝扮襯托得更加出色。

※鞋襪：金或銀的超高細跟尖頭鞋，或是綴滿亮片的緞面宴會鞋，連鞋跟也不放過，不是鑲有寶石就是精心雕琢的款式。

◎髮型

晚宴的場合，妳一定慎重地梳理出一個高貴的髮型，甚至再戴上大型的羽毛頭飾或一個皇冠型的髮箍，表現出過人的氣勢。

◎化妝

晚宴妝是最符合妳的本性的一種裝扮，完美無暇的三層粉底，各種當下最流行的色彩，亮粉、螢光膠等最絢麗的彩妝，都可以名正言順的派上用場。

獅子座晚禮服

休閒服

火象星座的女孩，都有野性好動的一面，因此獅女郎穿著休閒服甚至運動服的機會相當多，在昂貴的名牌運動服的忠誠消費群中，獅女占有一定的比例，即使是在最隨性的場合，妳還是喜歡那種豔冠群芳的感覺。

◎服裝

※款式：如果身材夠好，妳不會吝於展現，超迷你的熱褲、時髦的五分褲、七分褲，都是妳的絕佳選擇，上衣則是最流行的輕薄短小型。

※質料：含萊卡的貼身質料，有點發亮更好，或是整件有刺繡的彈性蕾絲布，都挺適合妳的。

※色彩：鮮豔熱情的陽光色彩如艷黃、橙紅，或是與大自然對比的桃紅或皇家紫也不錯。

◎配件

※飾品：大型的耳環、誇張的太陽眼鏡、帥勁十足的手錶、變化多端的帽子，都有可能出現在妳的休閒裝扮中。

※皮包：最流行的斜背大書包，上面綴滿了口袋與拉鍊，或是連在長褲上的小布包，都能表現帶領風潮的時尚感。

※鞋襪：時髦的運動休閒涼鞋、厚底的娃娃布鞋、配上各色裝飾用的棉織短襪，既舒適又有型。

◎髮型

燙得卷卷的短髮，夾上幾枚五彩繽紛的髮夾，清爽又時髦，如果是中長髮，梳個亂亂的沖天髮髻也很有趣。

◎化妝

休閒時的妳，還是不會放棄好好裝扮一下，這時可以畫個新式的晒傷妝，整圈淺色的眼影，在豔陽下亮眼又動人。

睡衣

即使是居家，獅女郎的華麗風範依然毫無減損，高級的絲質睡袍，也許是綴滿昂貴的蕾絲，或是精巧的刺繡，要不就是性感又強烈的動物毛皮圖案，這些都是她的最愛，總之，大概連夢也是有如宮殿般的富麗堂皇吧！

◎服裝

✻款式：便於活動的迷你短睡袍，或是較合身的性感高衩睡袍，都是既方便又迷人。

✻質料：夏天當然是光滑柔軟的絲織品，冬天偏好質地好的純棉，重點是看起來要高級。

✻色彩：妳鍾意的色彩不會是傳統的粉彩色調，鮮豔的花朵或是強而有力的虎斑、豹紋等，比較能得到妳的青睞。

狮子座休闲服

獅子座睡衣

◎拖鞋

柔軟的鋪棉鞋面，花色和睡衣是協調一致的，微微高起的鞋跟，滿有女人味的，可以配合性感的睡衣，又能兼顧舒適與方便性。

◎內衣褲

內在美方面，妳當然還是很敢秀，專櫃上模特兒身上最炫、最亮麗、最性感的內衣褲，經常成套地買回家，而且不會只供欣賞，妳是那種會穿在身上攬鏡自照又陶醉不已的人。

◎保養

獅女郎一擲千金、面不改色的個性，在購買保養品時也不會例外，擁有最高價的保養品，還得配合持之以恆的好習慣才行，別忘了每天早晚的例行保養，到後來再花大錢上美容中心去亡羊補牢可就來不及囉！

泳裝

出生於盛暑，當然也頗能活躍於豔陽之下的母獅，絕不會在熱情如火的水上活動中缺席，只是高貴不群的妳，即便是在這般自在隨性的場合，依然不改盛裝的習性，一身火辣的比基尼，布料極少而花紋卻奇大，款式絕對是當季最炙手可熱的the must piece，品牌也絕對是如雷貫耳的當紅炸子雞，如果還要加上配件的話，更少不了一頂超大型的寬邊帽、一副腳架上鑲滿華麗寶石的貓眼型墨鏡，如果再加上一雙綴滿亮片的涼鞋，好一幅貴妃戲水圖就此大功告成了。

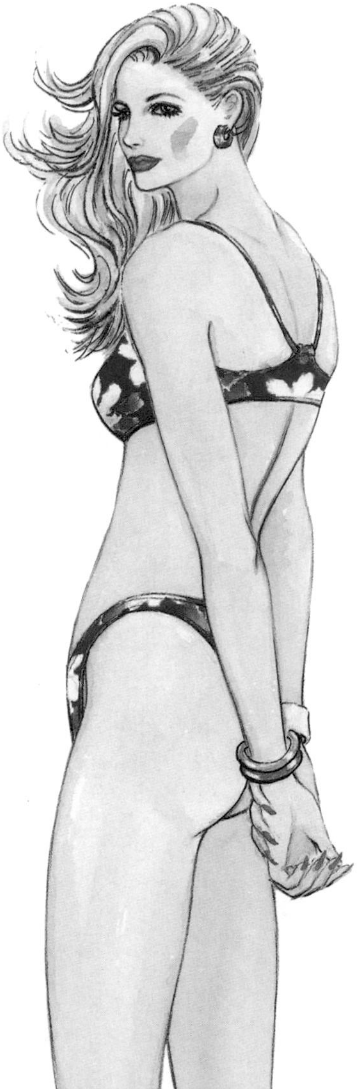

獅子座泳裝

處女座衣著

假如說雙子座出最多成衣商，那麼處女座便是洗衣店老闆的大本營，這兩個星座的女人處理服裝的兩個重要層面：流通與清理。

處女從外型大分有兩型：小型處女是稍有占星常識的人所較熟知的，她就像個文靜的在室女，勤奮而整潔，有禮卻又喜批評。她的身材與五官都細緻而組織良好，但絕不脆弱，任何一位土象的嬌娃都強調健康的重要性。

中型處女圓臉圓頭，身體未必很大，但健壯如洗衣婦，髮色深、皮膚較粗糙。她們是環保鬥士，如果哪個男人心靈、腦袋、感情或者身體不整潔，她們認為把他洗乾淨（或者燒乾淨、吹乾淨）是她們的天職。

偶爾你會碰到幾個邋遢得跟鬼似的處女，但她的公司帳目可能令老闆厭恨為什麼清楚到國稅局評為優良範本的地步，這些處女是選擇擔任心智上的洗衣婦。但典型的處女是異常清潔整齊的動物，絕不要去扯她衣服掉出的線頭，幼年的古代處女甚至可能因此羞恥得落淚，何況她很快會發現那線頭，自己把它處理掉的。

這些清潔的小處女，當然特別適合穿許多星座女人無法表現的清純學生型的服裝，例如卡其高中服、水兵服、護士裝，或甚至只是一件簡單清爽的白襯衫，配上燙得筆挺的黑色百褶裙，這類年輕而講究紀律的服裝特色，在她身上總是發揮得淋漓盡致。

偶爾有些處女七老八十了仍然習慣扮成高中女生，但多數在步入社會後即改穿溫柔淑女型的衣類，典雅的軟質洋裝、弧形剪裁的套裝、細緻的針織衫搭配圓裙等特別受她青睞，而即使不改良的旗袍她也開心地穿進二十一世紀。

傳統保守型的服裝也自然為室女所喜，這位重視社會評論的女人不輕易讓自己在衣著上惹人議論，並不是說她沒有原創性，只是她好禮而不出風頭的性格令她不願成為眾人話語的焦點。假如你能讓她釋放心中無數種的羞赧與介意，一件Lagerfeld或Versace的本季新獻可能令她老公高唱「蕩婦卡門」。

若從服裝穿著場合看，處女包在工作服、上班服、圍裙中最漂亮。一般而言，中型處女衣服比較難穿，太細緻的不是她的真味道，過於粗獷野性或性感她也不真心接受，如果希望在稍正式的場合穿得既出色又不討自己厭，樣式簡樸而不失流行的穿法是基本綱領之一，而質料的講究則可彌補缺乏花俏的缺點。

講到質料，這是處女較善於把握也比較喜歡的衣服面相，這是土象星座的共同特色，但處女將特別會玩凸顯衣料特色並加以綜合運用的遊戲。

至於衣物的整理與清洗，前面講過了，是別的女人向她求教而不是別人去教導她。

處女座女孩服裝概念

◎服裝類型圖

以溫柔淑女與傳統保守型為主，偶爾也能穿穿清純學生、自然休閒或高貴典雅型的服裝，但其他類型就較受限制了。

◎穿著特性

※焦點指數 1 2 3 [4] 5 6 7 8 9

※流行指數 1 2 3 4 [5] 6 7 8 9

※變化指數 1 2 3 4 [5] 6 7 8 9

※愛美指數 1 2 3 4 [5] 6 7 8 9

※裝扮成功指數 1 2 3 4 [5] 6 7 8 9

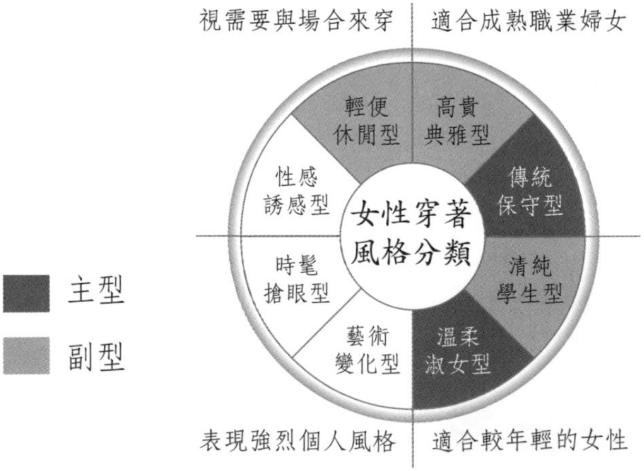

◎幸運色彩

以黃綠為最重要，黑、灰、白為次要，各種方格與細條紋均適合。

暖色：黃綠、淺棕、磚紅。

冷色：綠色、紫色、天藍。

◎幸運寶石

黃晶、黃玉、瑪瑙、打火石、藍晶、藍綠玉、玻璃、混塞石、液態金屬、大理石、紅玉髓、石榴石。

◎小小叮嚀

※清純學生型是妳的最愛，但隨著年齡漸長，最好不要太過執著於學生型的少女裝扮。

※有點潔癖的處女，非常勤於清洗衣物，但請先將標籤上的洗滌方法看清楚，才不會弄巧成拙，反而毀損了衣服。

※由於生性保守，上班時的裝扮較不成問題，倒是在約會或是參加宴會時，偶爾也該放鬆心情，亮麗一下。

上班服

生性保守傳統又仔細的在室女，最適合規規矩矩的做個上班族，而服裝上的選擇也因為個性的緣故，很讓老闆放心，過於新潮、性感的裝扮，絕不會出現在妳身上，唯一要注意的是隨著資歷的提升，服裝的權威性最好也能加強些。

◎服裝

✻款式：偏向軟性弧形剪裁的套裝，或是無袖小洋裝外面加上一件針織無領外套，裙長方面妳比較喜歡長及小腿肚、略帶波浪的八片裙。

✻質料：妳會選擇較軟質的服裝，如絲質、薄而軟的棉或毛料，垂墜性佳的rayon與viscose也十分合適。

✻色彩：你寧可穿白或灰，也不願穿太嚴肅的黑，若一定要穿，可以加上較溫暖的色彩如黃綠、磚紅或淡雅的天藍作為搭配。

◎配件

❋飾品：單顆鑲嵌的寶石項鍊配上釦子狀的小耳環，頂多再加上一枚小戒指，手錶可以選用圓形錶面，弧形裝飾金屬錶帶，讓感覺浪漫些。

❋皮包：式樣端莊的軟皮質手提包，或是造型簡單大方的單肩背包，都和服裝搭配得十分合宜。

❋鞋襪：妳偏好乾乾淨淨的膚色絲襪，配上較圓的淑女包頭鞋，腳背有橫帶或縱帶的款式都很有女人味，不妨一試。

◎髮型

髮型不論長短，妳一定會將它梳理得整整齊齊，燙成微卷長至頸部的復古式外翹髮型很適合妳的淑女氣質。

◎化妝

畫個自然彩妝是上班族的基本禮貌，薄薄的粉底可以修飾膚質，容易脫妝的不要忘了時時補妝，色澤清純的口紅是妳的最佳選擇。

處女座上班服

約會服

特別偏好清純學生型與溫柔淑女型服裝的妳，在和異性約會時頂吃香的，只要順著自己的習慣去裝扮，男性心目中的理想伴侶多半是這種典型，當然如果約會的地點情調甚佳，也不妨稍微添加一點性感的風情，會更加迷人。

◎服裝

✻款式：長及腳踝的洋裝，女性化的弧形剪裁，再加上荷葉邊、蕾絲等裝飾，或是柔軟的針織套裝也不錯。

✻質料：質地細緻的料子頂適合這樣的場合，觸感極佳的真絲或薄的純棉，在冬季可穿著柔軟的羊毛。

✻色彩：幸運色中的黃綠頗為活潑亮麗，較穩重的人可選擇磚紅或淺棕，冷色的人可以採用紫色或天藍也挺迷人的。

◎配件

※飾品：此時小型的垂吊式耳環相當適合，幸運寶石中的黃玉、藍晶、石榴石與瑪瑙，可以搭配服裝的色彩使用。

※皮包：軟質手提包是不二選擇，最好是還有縐褶的款式，如果加上花朵或蝴蝶等小飾物就更出色了。

※鞋襪：在夏季搭配長裙可穿著中跟的淑女涼鞋，如此就不需要穿絲襪了，冬天可以選擇中筒靴子，最好是繫帶子的尖頭式樣。

◎髮型

此時的妳會希望有一頭飄逸的長髮，如果正是如此，有時還可以用一些漂亮髮飾，佩戴在公主結上，顯得既端莊又亮麗。

◎化妝

晚上的約會妝可以畫得正式一點，上一層均勻的粉底，再來點較具現代感的色彩，粉彩色的眼影搭配同色系的口紅，協調又搶眼。

晚禮服

個性內向的妳，並不特別嚮往晚宴這樣的場合，妳的保守作風，對於誇張又性感的宴會裝扮難免有點望之卻步，此時不妨試試較為簡單大方的禮服式樣，或利用半透明的薄紗與蕾絲，製造若隱若現的效果，有時比裸露更具誘惑力。

◎服裝

※款式：妳的上衣最大極限只不過是無袖的背心而已，最好是多用薄紗裹住才令妳安心些，裙子可選擇略寬不需開衩的式樣。

※質料：上好的絲絨、絲綢，隱隱發出內斂的光澤，由於服裝式樣的保守，質料更需要高級些，才能襯托出華麗的氣氛。

※色彩：黑色是此時的最佳選擇，然而身材較苗條的人也可選擇潔白無瑕的純白，或是具有都會感的銀灰。

處女座約會服

處女座晚禮服

◎配件

※飾品：由於與低胸禮服絕緣，項鍊派不上用場，最理想的飾品就屬長耳環了，而黑、白、灰的禮服與各色寶石都能相得益彰，可以從幸運寶石中任意選擇。

※皮包：緞面或絲絨的小手袋，用同質的細帶子束緊，或是做成短的提包式樣，加上個小蝴蝶結就更適合了。

※鞋襪：儘管腿都包起來了，妳還是喜歡穿上透明絲襪，鞋子要選正式的尖頭高跟宴會鞋才好。

◎髮型

通常是將一頭長髮挽成鬆鬆的髮髻，若髮質夠好的，還可以大膽地吹直放下來，這樸實無華的披肩秀髮，有時反而令人驚艷不已。

◎化妝

習慣素樸的妳，並不喜歡濃妝，但此時為了達到好效果，還是應該刻意加強粉底、腮紅和眼影的亮度，口紅也可大膽地選用鮮豔或深濃的色彩。

休閒服

妳喜歡閒適的生活方式，並不特別愛好運動，但對於接近大自然仍是相當有興趣，新潮時髦的運動休閒服妳是不會碰的，但輕便舒適的軟質休閒裝、寬鬆的背帶裙、淑女型的牛仔褲，都很適合在戶外活動時穿著。

◎服裝

✻款式：經常在此時穿著長而寬鬆的背心裙，裡面配上簡單的T恤，有時也會選擇稍長的百慕達短褲或褲裙。

✻質料：純棉的T恤，好穿又耐洗，褲或裙則最好是混有rayon的軟質棉布，既舒適又經穿。

✻色彩：在陽光季節裡，白色上衣顯得清爽宜人，下半身可以配上亮麗的黃綠、紅棕或葡萄紫，配上中性色中的灰也十分高雅諧調。

◎配件

※飾品：夏天裡一把配合服裝色彩的碎花小陽傘，既可以遮陽，還能裝飾，一舉兩得。冬季可以用較厚的帽子禦寒。

※皮包：稍大的鋪棉布質單肩背包，有著濃濃的鄉村風味，或是一只籐編提籃，都是不錯的選擇。

※鞋襪：一派清純的白色學生型短襪，配上簡單又秀氣的布質短筒休閒鞋，舒適與搭配性兼具。

◎髮型

長髮及肩的妳可以梳個清爽的髮辮，若是髮長只到頸部，可以用可愛的髮箍將全部頭髮向後固定，才能符合妳的整齊標準。

◎化妝

這是個可以素著臉的場合，但還是建議至少用一點蜜粉打個底，再加上配合服裝色彩的口紅，如橘紅或豆沙紅。

處女座休闲服

睡衣

由於妳酷愛整潔，在家擦擦洗洗已成為生活中很重要的一部分，因此便於活動的家居服是不可或缺的，至於睡衣，妳喜歡清純、可愛或典雅的淑女款式，可以表現妳細膩的女人味。

◎服裝

※款式：浪漫的長睡袍或及膝的短睡袍，上面可能綴有蝴蝶結、蕾絲或繡上了精美的花紋，都是妳所鍾意的式樣。

※質料：由於特別喜歡清洗衣物，最好選擇容易處理的質料，如薄、軟但夠堅韌的棉料，冬天可以選擇較厚的法藍絨。

※色彩：清爽又充滿夢幻情懷的粉彩色，例如粉橘、粉紅、粉綠與粉藍，都是妳直覺的最佳選擇。

◎拖鞋

一雙方便在室內行走與工作的拖鞋，對妳而言格外重要，不怕水的膠底或是在海灘穿的泡綿材質，尺寸要合腳，鞋跟以一吋左右最舒適。

◎內衣褲

純白的內衣褲是處女的最愛，這樣的衣物最能發揮妳的洗滌功力，當然漂白水也許是少不了的工具，式樣上則不可能太花俏或性感，否則連妳自己都忍不住會臉紅呢！

◎保養

勤於四處清洗的妳，對於個人衛生也是一流的講究，但別忘了在忙碌了一天之後，好好保養自己的肌膚，尤其是對於工作過度的玉手，更要好好呵護，在洗手後或睡前，都該擦上滋潤性強的護手膏，才不會未老先衰喔！

處女座睡衣

處女座泳裝

泳裝

身為土象家族一員，在室女不例外的，對運動的確興趣不大，但喜歡親近大自然的妳，到了夏天，總會和三五好友相約到海邊，享受一個風和日麗的暖暖午后。注重質感的妳，喜歡厚實一點的料子，對於一般泳裝輕而薄的人造纖維，總有幾分排斥，最令妳心動的莫過於混紡的合纖針織料，這類泳裝並不多見，但妳會精心去挑選一件，而純潔一如海灘細沙般的白色，則是妳的最愛，至於帽子、涼鞋、袋子等配件，也讓它們都呈現一體的白，那才真圓了妳純純的夏之夢。

天秤座衣著

講到穿衣服，由美神維納斯守護的天秤嬌娃直覺上應該是最無問題的，不是嗎？維納斯不論穿長穿短、甚或不穿，在希臘神話中都是眾愛美女神心目中的對手，如此說來持秤女真是得天獨厚了。不過再想想（這是這位美女最愛講的口頭禪之一），維納斯還是有羽毛弄亂的時刻，只是在此之前，先看看持秤女漂亮的時候吧！

占星術教科書上告訴你：未受剋的天秤一般高而優雅，圓臉。這裡面有些道理，但這指的主要是西方人，東方的秤子雖也不乏這種面貌，但你將遇到更多瘦高、鵝蛋臉的秤子。

不論東方秤還是西方秤，他們都多衣架了，這是高的好處，尤其秤子高不會像蟹子

或有些寶瓶那樣上身高而腿不長，高得既自然，風姿隨之而生。

東方秤又多較瘦，正合現代審美觀，因此掛上衣裙容易引來青眼紅眼，這點比雖高、姿態優雅又帶希臘風的西方秤更見優勢——美得太健康、太均衡反而不讓人全然接受，這便是身處講究「不均衡」的雙魚星座時代的西方秤必須學習的課程。

既然有這般好身材，不穿漂亮衣服未免暴殄天物，高貴典雅型、時髦搶眼型、藝術變化型、溫柔淑女型的服裝不妨多上身。假如星盤中天蠍力量強大，性感誘惑型的服裝將更能發揮秤美人的魅力，而如果處女座有明星，則傳統保守型、清純學生型和輕便工作服妳反而穿得更加自在。

如此有彈性的穿法，大概只有雙子、天秤和少數水瓶、雙魚辦得到。而秤嬌娃在穿衣上的彈性，還不只此，假如讓十二星座女人分別穿裙裝和褲裝走伸展台，這時可發現瓶女人的裙裝表現不穩定，有時八十分，有時四十分；魚美人著裙裝雖道盡寧為女人的真義，但穿起褲裝有時卻落褲！唯獨雙生女與持秤女兩樣穿起來皆得心應手；雙生女是因為她靈魂中另有一個陽性的女人，而秤女則因她的兩個秤盤中各裝了一個男人和一個女人。

我說秤女的秤盤裝了個男人嗎？那個甜蜜寶貝？不會吧！會的，在這個女人感性的雲鬢秀髮下，是一顆比許多男人堅硬又理性的腦袋，只是男人沒看出來而已。所以，秤女人，別忘了妳的褲裝與西裝，只要同時比裙與褲，妳在黃道上丟掉秤子都趕不走蒼蠅般的男人了。

另外也留幾套與達令搭配的情人裝，妳會喜歡那種哥妹好的感覺；秤盤總是兩個的，獨腳戲從來不是妳喜愛的戲碼。

妳穿衣不無缺點，首先妳還是可能買多了衣服，自然這不是什麼罪惡，但碰上小氣男人依舊讓妳暗嘆選錯夫婿。然後妳太喜歡成套的裝扮，少數時刻將不及雙子或火象星座女人的隨意美，以及巨蟹、雙魚女人的慵懶美。最後，除非妳有天蠍的星星，否則並不大能穿太肉感的衣服。捨此而外，維納斯畢竟是維納斯。

天秤座女孩服裝概念

◎服裝類型圖

以高貴典雅與溫柔淑女型為主，有時也可以時髦搶眼或藝術變化，其他各種類型也都能視個人情況而嘗試。

◎穿著特性

※焦點指數 1 2 3 4 5 6 7 8 **9**

※流行指數 1 2 3 4 5 6 7 **8** 9

※變化指數 1 2 3 4 5 6 **7** 8 9

※愛美指數 1 2 3 4 5 6 7 8 **9**

※裝扮成功指數 1 2 3 4 5 6 7 **8** 9

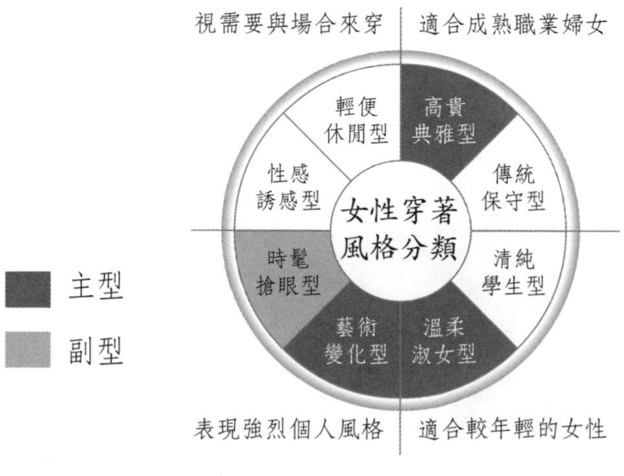

◎幸運色彩

以綠為最重要，白為次要，也能穿粉彩色或透明感高的冰色。

暖色：翠綠、檸檬黃、淡黃。

冷色：正綠、天藍、淡紫。

◎幸運寶石

紅玉髓、白珊瑚、紅珊瑚、綠玉石、綠寶石、貴橄欖石、青金石、碧琉璃、鑽石、綠松石、藍寶石、翡翠、綠石髓、苔紋瑪瑙、所有白色寶石。

◎小小叮嚀

❊由於穿衣的可變性很高，以至於櫥櫃中常常是衣滿為患，應該先作好個人服裝造型分析，固定在三、四個裝扮類型中，才能有效地減少穿著上的浪費。

❊有時會過度講究打扮，服裝或配件都得成套地買、成套地穿，讓人有一種過分正式、無法放鬆的感覺。

❊個性中有出乎他人意料之外的中性特質，因此能將帶有中性感的服裝穿出很好的味道，有時不妨一試。

上班服

喜歡正式感的秤女郎，如果身為一位職業婦女，在裝扮上將能時時表現得恰如其分，而由於她的優質審美觀與高品味，藉著穿著所塑造出來的好形象，往往能為她贏得成功的第一步。

◎服裝

❊款式：弧形線條的套裝，有腰身的西裝搭配膝上的窄裙，或女性化一點的針織套裝，而略微中性化的長褲套裝穿起來效果也相當不錯。

❊質料：較薄而軟的質料如真絲、viscose、rayon，或質感好的毛料，比較能顯示妳的好身材與優雅氣質。

❊色彩：中性色的灰或白很適合在工作場合穿著，粉彩色在此時並不討好，除非只是局部使用，如圓領女衫或圍巾。

天秤座上班服

◎配件

❊飾品：換好衣服之後，戴上美美的飾品是妳的人生樂趣之一，為了搭配規矩的上班服，妳會精心挑選質佳而雅緻的整套項鍊與耳環，努力向完美邁進。

❊皮包：妳的上班皮包不會只有一個，為了搭配較女性化的服裝，妳會擁有典雅的凱莉包，而穿褲裝時，軟性的公事包就更適合了。

❊鞋襪：在色彩與式樣上與皮包完全吻合的鞋子才符合妳的理想，為顯示高貴的OL風範，中跟略尖的淑女包頭鞋是不二選擇。

◎髮型

妳會喜歡稍微浪漫一點的髮型，因此不是中長，就是長髮，記得在上班時，一定得梳整齊，固定好，長髮最好是盤上去成一個鬆鬆的髮髻。

◎化妝

這對妳而言完全不是問題，不消老闆提醒，愛美的妳從上班的第一天就自動自發地畫上了淡淡的妝，清麗的自然彩妝，襯得妳格外動人。

約會服

秤女郎不只是身材高䠷、面容姣好，而且多半具備高雅的氣質，再加上穿著方面的優勢，約會的機會之多，總是令其他女性豔羨不已，建議妳在約會時，多展現女性的柔媚，效果更佳。

◎服裝

❋款式：長及腳踝的洋裝，剪裁合身的顯得端莊典雅，剪裁寬鬆的流露出浪漫風情，兩種款式妳都頗能恰如其分地穿出自己的味道。

❋質料：軟質的絲織品最好了，或混有viscose與rayon的其他軟而垂墜的料子也不錯，太粗的棉、麻則比較不適合。

❋色彩：嬌美動人的粉彩色系很適合這樣的場合，五官非常清楚的人，則可以選擇更淺更透明的冰色系列，效果會更加出色。

◎配件

✻飾品：長洋裝的最佳拍檔非長項鍊莫屬了，頎長的妳稱得起長及腹部的項鍊，精緻的細鍊綴上小珠子，再搭配同一組的珠串耳環，保證美得無懈可擊。

✻皮包：造型簡單大方、線條優雅的手提包，要不就是或長或短的單側軟皮質背包，都能襯托出妳不凡的淑女氣質。

✻鞋襪：與皮包同色的鞋是少不了的，式樣上以包頭淑女鞋加絲襪必較稱妳的心，但在夏天有時也會穿上有跟的涼鞋，展露一下保養得宜的美麗腳趾。

◎髮型

此時何不將一頭秀髮垂放在肩頭，上過大卷子的蓬鬆大波浪極富女人味，或者也可以抹點造型髮雕，讓頭髮呈現卷曲溼亮的清新風貌。

◎化妝

約會中的妳絕不會忽略掉柔美嬌媚的彩妝，單是一點透明蜜粉就能將肌膚妝點得吹彈得破，再加上能增添亮度的珍珠光澤唇凍，保證看起來既清純又性感。

天秤座約會服

晚禮服

天生有一付好衣架子的秤女郎當然不會錯過這種自我表現的好機會，合身的長禮服，整套的雅緻配件，將妳出眾的氣質充分裝點出來，因此在整體造型上雖不是頂誇張，但卻絕對是眾人目光的焦點。

◎服裝

※款式：合身的一件式長禮服，上衣也許是細肩帶，但不過份強調低胸，裙子可能是窄襬開個較含蓄的側高衩，或略呈波紋狀的斜布剪裁。

※質料：喜歡較輕盈柔軟的布料，飄逸的半透明雪紡紗，或流動感十足的絲綢都很適合，由於不喜歡太過貼身，加了彈性纖維的質料反而派不上用場。

※色彩：嬌豔欲滴的翠綠，純潔無暇的白，或是這類服裝中比較不常見到的亮質天藍與檸檬黃，都能襯托妳的雍容華貴。

◎配件

※飾品：項鍊不論是長是短、是粗是細，戴在妳纖細的頸子上總是格外耀眼，與項鍊精心搭配的耳環當然更是少不了。

※皮包：軟質的小型手袋，亮面的綢緞製品或是華麗的絨質都不錯，顏色最好是和禮服相同，或至少是和鞋子成套的。

※鞋襪：一定會選擇和皮包相同的材質與顏色，而為追求絕對的完美，超高的尖頭細跟宴會鞋，搭配極透明的膚色絲襪，將是不二的夢幻組合。

◎髮型

將妳的一頭秀髮挽起成髻，梳得較高較鬆的法國髻顯得浪漫無比，梳得較低較緊的西班牙髻則是熱情大方，再戴上美麗的髮飾就更完美了。

◎化妝

在這樣的場合，多用一些新潮亮麗的彩妝將能使妳更加出色，但由於天生皮膚質地細緻，粉底仍然不需要上得太厚，只要在眼影與口紅上加強就夠了。

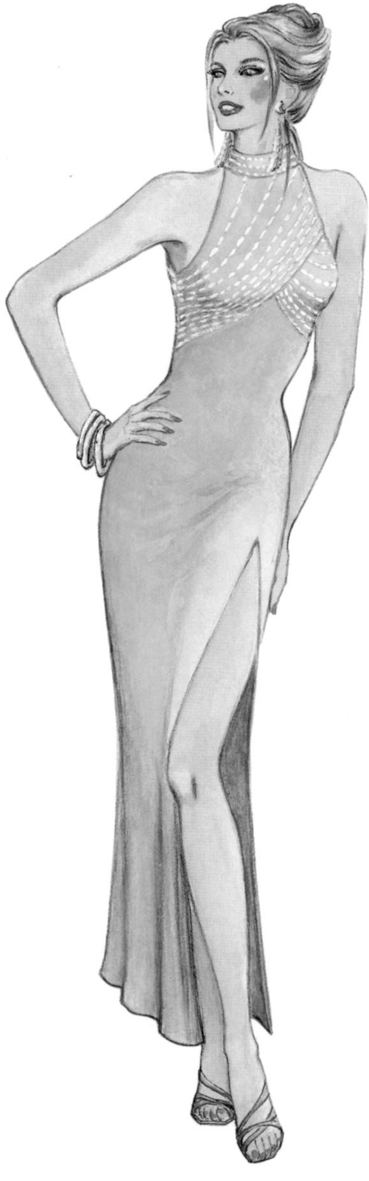

天秤座晚禮服

休閒服

此時禁不住要對秤女郎說聲「放輕鬆」，向來講究穿著打扮的妳，這是唯一有可能出問題的時候，休閒時別忘了應該作出輕便自然的裝扮，妳所慣有的高貴典雅風可是一點都派不上用場。

◎服裝

※款式：再怎麼說妳還是公園裡穿著最講究的一位，精心搭配的休閒褲裝，冬天長夏天短，瀟灑輕便中不失整體美感。

※質料：質感細緻的純棉，外表美觀，既吸汗又便於活動，或是生絲的針織衫，自然中帶有極佳的手感，也是妳所喜愛的。

※色彩：清新亮麗的翠綠、湖綠，讓人心曠神怡的天藍、檸檬黃，都很適合休閒，或平時不太敢嘗試的奼紫嫣紅，就更能達到變換心情的效果了。

◎配件

※飾品：就算不戴耳環、項鍊，休閒時的飾品如帽子、太陽眼鏡等，妳還是相當重視的，冬天保暖用的毛呢小帽，同色系的圍巾、手套或耳罩，一樣都不會忽略。

※皮包：流行的休閒皮包，也許是背心式的雙肩包，或是帶子長長的書包，講究配色的妳，最好先買些基本色如黑或白色，才不至於物滿為患。

※鞋襪：以平底的休閒鞋、運動鞋為主，但妳可能有一籮筐的各式襪子，色彩款式都會和服裝及鞋子搭配得天衣無縫。

◎髮型

為了便於活動，略長的頭髮一定要梳起來，活潑俏麗的馬尾相當適合，或是用近來流行的各式小髮夾將前面的頭髮固定住，既清爽又俏皮。

◎化妝

此時正是展現妳天生麗質的機會，不需要打粉底，一層薄薄的透明蜜粉就行了，再加上色彩諧調又自然的口紅，立刻出落得清麗可人。

睡衣

愛美的秤女郎連睡衣也十分考究，妳絕不會穿著邋遢的舊睡衣或是上下不成套的簡陋居家服，在家混上一整天，設計精美的兩件式睡袍是妳的最愛，就算是長褲套裝，妳也會細心的搭配上長罩袍。

◎服裝

✲款式：兩件式的睡袍，通常裡面是一件細肩帶的合身長衫，外面加上薄的有袖開襟長袍，邊上最好還鑲有高雅的蕾絲。

✲質料：具有透明感的紗質是妳的最愛，絲質的雪紡當然是最佳選擇，冬天只好屈就於柔軟細緻的純棉了。

✲色彩：各種粉彩色系穿起來感覺都不錯，但妳有時也會為了營造浪漫氣氛，刻意穿上風情萬種的黑。

天秤座休间服

天秤座睡衣

◎拖鞋

妳總是會為了一套新睡衣，不厭其煩地去找一雙色彩與款式都搭配合宜的拖鞋，這樣的講究舉動，難保不會惹惱務實又節儉的人，但誰教妳是維納斯之女呢！

◎內衣褲

內衣專櫃上顏色最嬌嫩、式樣最美麗的內衣褲，是妳的最愛，絕不需要銷售小姐的推銷，妳總是自動自發成套地買，可以說是店家夢寐以求的最佳顧客。

◎保養

妳是少數天生麗質擁有細緻皮膚的典型，生性慵懶的妳，因為愛美，在面子甚至全身的保養上，絲毫不敢鬆懈，然而對於運動，的確是興趣缺缺，肌肉因而不夠結實，為了成為現代美人，平日在家還是應該多做些健美操。

泳裝

猜猜看有懶美人之稱的秤女郎，到了炎炎夏日，會躲在家裡吹冷氣呢？還是偶爾也會到池畔或海邊吹吹海風呢？沒錯，吹冷氣的時間可能多得多，但當妳一時興起，決定來個水上一日遊，這時美麗的行頭可是一件也不能馬虎，泳裝一定要既優雅又性感，因此具有設計感的連身款式最能贏得妳的青睞，如腰部或背部挖空的特殊剪裁，或胸前的變化設計等，由於下水的機會不大，妳會戴上寬邊大草帽、時髦的太陽眼鏡、整套的耳環、手環等配件，一派悠閒自在的倚在洋傘下，享受著過往人們驚艷的眼光，夠酷了吧！

天秤座泳裝

天蠍座衣著

當然並不是每位天蠍女郎都像崔苔菁唱「愛神」時打扮成絕代妖姬的模樣，事實上，這個星座的外貌是特別難認的星座之一，你會發現打扮得南轅北轍的各種蠍女郎，但「性感女神」的確是一種典型的天蠍造型。

你大概聽夠了有關天蠍星座種種刺激、色情而神祕的傳說，這部分是這個星座主管性器官的理論造成的，這些傳說不公平，但天底下本就很少公平的事。不論如何，別讓這些傳說混淆你對天蠍星座的認知。不過，我們還是從妖姬型的蠍女郎開始。

這種天蠍有種奇異的天賦，使得她能一身棒球裝也性感無比，所有服裝種類中，性感誘惑型的服裝一般特別適合由這位佳麗表現，不論細緻的蕾絲、粗糙的麻或貼身的皮

衣都能由蠍佳麗詮釋出性感的多重質感與面貌，而常喜歡運動的她，需要許多性感的運動休閒服，比如說露肚臍的貼身小背心配上短到看不見褲管的沙灘排球褲，就算是一場香汗淋漓的球賽打下來，也許還是像傑克的金鵝那般，背後黏了一長串追求者。

不論高矮，性感型天蠍多半身體器官發育成熟而形狀良好，強壯而多毛，一副○○七的迷人模樣，最近駕飛機失事的小約翰甘迺迪贏得美國最性感男人的稱號，正是拜天蠍磁波之賜。

這樣的體型，就女人而言，當然以較高而未發胖的比較符合現代審美觀，這些蠍女郎用心打扮起來極具磁力，加上精明幹練、獨立又能在必要時撒嬌，確實是男人的剋星、女人的詛咒。比較矮壯的就要多花些工夫了，由於性格本就堅強，為避免予人過於具侵略性的印象，因此矮胖型天蠍宜採較柔美的路線裝扮自己，如弧形剪裁的女性套裝或針織服裝。

偶爾有些蠍女郎體毛較長、脖子手臂的肌肉強健，此時除非男友對此有癖好，否則可藉由各式除毛產品或器具加以修飾，或藉由長袖或長裙來掩飾。另外，少數蠍女郎擁有弓型腿，此時應避免穿太合身的長褲，寬襬長裙則是最佳的選擇。

另有一些蠍女郎喜歡刺青、打洞，這時較具原創性、現代感的衣類便派得上用場。

雖然性格常像男人、愛當總經理的蠍美人穿起溫柔淑女型的服裝也有其風味，但這並非她的原味，假使不是在約會期，這類服裝在她的衣櫥將只占一小部分。由於個性強烈，若要表現女人味，她穿時髦搶眼型、高貴典雅型、藝術變化型的服裝將更見效果。而個性較內斂孤僻的灰蜥蜴型天蠍則較可透過傳統保守型的服裝發揮女性氣質。

灰蜥蜴型的天蠍常是受過重創的族類，困於心中的不滿、抑鬱而變形，失去蠍座象徵動物老鷹或蠍子的生命活力，這些悲哀的天蠍以毫不具特色的裝扮隱身人群中，跟她們講打扮常沒什麼意義，因為她們並不想藉由衣物製造什麼印象，可說只要保暖蔽日即可，最嚴重的甚至一襲灰僧袍穿十年。

天蠍座女孩服裝概念

◎服裝類型圖

大部分是以性感誘惑、藝術變化與時髦搶眼型為主，有一部分特定族群卻是以完全不起眼的傳統保守型來自我保護。

◎穿著特性

※焦點指數	1	2	3	4	5	6	[7]	8	9
※流行指數	1	2	3	4	[5]	6	7	8	9
※變化指數	1	2	3	4	5	[6]	7	8	9
※愛美指數	1	2	3	4	5	[6]	7	8	9
※裝扮成功指數	1	2	3	4	5	[6]	7	8	9

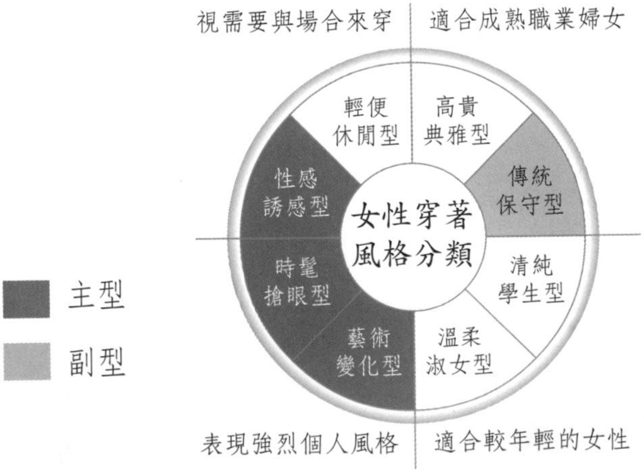

◎幸運色彩

以藍綠色、豆沙色為最重要，深而亮的色彩也都適合。

暖色：土褐、橄欖綠、磚紅。

冷色：藍綠、豆沙色、酒紅、深紫。

◎幸運寶石

血石、腎石、天然磁石、紅珊瑚、紅寶石、打火石、石榴石、孔雀石、藍寶石、鑽石。

◎小小叮嚀

✻性感誘惑雖然已經是妳的註冊商標，但還是得注意裝扮的場合，如果身為上班族，只得在工作時收斂一下了。

✻約會時的蠍女郎該如何穿著，得視對象來決定，第一次約會時最好將妳的性感略作保留，以免對方難以消受。

✻如果是屬於極樸素極不愛打扮的另類蠍子，也該就身處在目前這個講求視覺形象的時代，在外表上還是不得不稍加修飾。

上班服

上班服對蠍女郎的裝扮是一大挑戰，喜愛賣弄風情的妳必須強迫自己大幅收斂，否則必定成為辦公室中的眾矢之的，不論如何賣力工作，總是升遷無份；至於完全不打扮的另類蠍女，黯淡無光的外表更是吃了大虧。

◎服裝

❇ 款式：腰線明顯的套裝，搭配短的窄裙，或是貼身的針織洋裝，配上合身的小外套，記得胸口不能開得太大，以不露出乳溝為準則。

❇ 質料：能展現身材的彈性質料，套裝可採用含萊卡的混紡材質，針織衫多用帶有光澤的viscose 或絲織品。

❇ 色彩：中性色中的黑色最神秘同時也兼具專業形象，因此成為妳的上班服的主色，其他的各種色彩只能算是用來點綴的調味料而已。

天蠍座上班服

◎配件

※飾品：上班時妳喜歡戴一些飾物，例如體積稍大的釦子狀耳環，或是有墜子的項鍊，搭配較大較低的領口，效果不錯，而一只稍微華麗的手錶會令妳精神大振。

※皮包：穿套裝時可使用光滑的皮質女性手提公事包，至於更女性化的服裝，則可以搭配較為流線型的手提包。

※鞋襪：妳喜歡鞋跟細又高且鞋頭較尖的淑女鞋，比較能襯托妳的性感，襪子可選擇與服裝一致的黑，只是別忘了，材質一定要極為透明才好。

◎髮型

蓬亂的長髮固然性感，卻一點也不適合上班女郎，不妨剪一個稜角分明的短髮，感覺既專業又感性，甚至左右不對稱就更加有味道了。

◎化妝

妳所習以為常的濃粧艷抹此時不十分恰當，在用色上應稍微保守些，眼部的妝不宜太奇特，中性色的咖啡色與灰色搭配顯得比較得體大方，唇膏倒是可以鮮豔些。

約會服

放電時刻正式來臨，這還得了，美豔性感的蠍女郎終於可以名正言順的大肆裝扮一下，如果不會被她的服裝之緊、裙子之短嚇跑的話，每次約會都將是一場超級的感官之旅，不怕被眾人行注目禮的男人們，請把握機會。

◎服裝

❊款式：緊包臀部的迷你裙，或極為貼身的直筒褲，上衣最好是短而緊的式樣，低胸或細肩帶再加上最流行的披肩式小外套。

❊質料：裙與褲可選擇小羊皮的質料，上衣是貼身的棉、絲或viscose與萊卡混紡的彈性料子，當然有光澤的更佳。

❊色彩：約會時以搶眼的紅黑配效果不錯，暖色的蠍女應該選擇豐美的褐紅，冷色的蠍女則可試試香醇的酒紅。

天蠍座約會服

◎配件

※飾品：妳的飾品不是極大極長，就是根本不戴，中等大小個性不夠鮮明的任何飾物妳都興趣缺缺，有時什麼都不戴反而更具簡約的魅力。

※皮包：大型皮包與妳無緣，一方面因為妳乾脆的個性，一方面則是與服裝風格無法統一，幾何造型的中小型背包最為恰當。

※鞋襪：蠍女最適合各式的靴子，迷你裙搭配長及膝上的超長軟靴，緊身褲搭配及膝靴或中靴，襪子可選色彩協調的織花網襪。

◎髮型

將短髮梳理得較為亮麗服貼，別忘了抹上一些柔順雕，若是長卷髮，可將一側頭髮固定在耳後，另一側垂散在眉梢眼尾之際，看起來性感又自然。

◎化妝

一般約會時適用的甜美鄰家少女妝可能並不是妳的風格，但仍不妨試著用一些較為可人的色彩，比如說明亮而不怪異的眼妝，鮮豔而不唐突的唇膏。

晚禮服

蠍女郎的拿手好戲即將登場，誰也不能阻止妳大顯身手一番，大大方方又毫無顧忌的展現妳的絕代風華吧！超級大膽的縷空設計，加上低胸、中空、露背、高衩的性感款式，保證使妳成為晚宴女王。

◎服裝

※款式：低胸的緊身高衩長禮服是最基本的形式，有時也會嘗試迷你裙，但為了保持幾分神秘感，短裙上可能綴有珠串或襯有薄紗，讓腿部若隱若現。

※質料：材質具有彈性是第一要素，不論是半透明的紗料、閃閃發光的錦緞、富麗堂皇的絨質，都必須是能裹住美好的胴體才行。

※色彩：神秘的黑當然是不二選擇，但有時為了吸引眾人眼光，也可能出其不意地用上迷人的薄根蒂酒紅或是如星空般的寶石藍。

◎配件

※飾品：除了必備的閃亮長耳環、短項鍊，妳還獨鍾披肩，尤其是散發野性的皮草質料，最能表現妳的萬種風情。

※皮包：妳喜歡俐落的手拿包，肩背或手提的都不夠性感，硬質的亮麗小包，用纖纖玉指盈盈一握，這才夠味兒。

※鞋襪：當然是以不穿襪的細跟涼鞋最為適合，涼鞋的帶子要少要細，裸露出的腳趾與腿部則要精心護理過。

◎髮型

長卷髮呈現極為蓬亂的模樣，或做出不對稱的誇張造型，甚至細細編織成上百條蛇髮辮，再用彩色泡沫膠來點特殊的效果。

◎化妝

閃著細碎金銀亮片的透明身體膠，火辣辣的艷桃紅睫毛膏，世紀末華麗嬉皮式的紫黑唇膏，這些令人眩目的彩妝終於登場了，就照著妳的本性盡情發揮吧！

天蠍座晚禮服

休閒服

蠍女郎喜歡運動，擁有不少各式運動行頭與休閒服，而就連在運動場上或荒郊野外，妳還是難改性感習氣，不是穿著火辣的超短熱褲，就是細肩帶的中空背心，難怪異性夥伴總是特別熱衷於參與妳的活動。

◎服裝

※款式：夏天的休閒服以緊而小的短褲為主，搭配小背心，冬天換上一條緊身長褲，再加上寬鬆的大襯衫或T恤。

※質料：下半身服裝為了便於活動又還要展示身材，當然是選擇有彈性的質料，連牛仔褲也含有5%的萊卡，上衣則是各種舒適的棉或毛織品。

※色彩：富有自然野性美的磚紅、橄欖綠與芥末黃都很適合，冷色的人則可選擇寶石色如土耳其綠、紅寶的深紅，冷豔又充滿活力。

◎配件

※飾品：戴上一副時髦的太陽眼鏡，深色的鏡片增添幾許神秘，壓低的帽簷也有相同的效果，因此不論寒暑，當季的帽子是少不了的。

※皮包：最流行的腰間包、臀包，低低地繫在胯骨上，既可空出雙手，在行進間又能隨著步履款款擺動，搶眼得緊。

※鞋襪：夏天妳會喜歡一雙舒服的涼鞋，讓腳趾透透氣，冬天換上適腳的運動靴，搭上棉毛質料的襪子，隨性又帥氣。

◎髮型

喜愛運動的妳，最可能選擇的休閒髮型就是既乾淨俐落又魅力四射的超短髮，這種順著頭型漸層而下的服貼短髮，絕不喧賓奪主，反而將臉蛋襯得格外明艷照人。

◎化妝

妳的生活中幾乎少不了彩妝，只是在此時可別打粉底，眼妝可以加強些，上一點防水的眼線液、睫毛膏，明亮的淺色眼影顯得人更有精神，口紅的色彩則鮮豔無妨。

睡衣

進口郵購目錄上的噴火女郎，身穿半透明的開襟短睡袍，搭配一件小得不能再小的比基尼內褲，別懷疑這是真要穿著睡覺的嗎？對蠍女而言，這才是妳鍾意的睡衣款式，睡覺本來就是皮膚的徹底放鬆，肯穿就不錯了。

◎服裝

❉款式：細肩帶的短睡袍，搭配成組的小內褲，或是低胸的高衩長睡袍，即使是寒冷的冬天，一襲貼身棉織長袍，照樣將凹凸有致的曲線展露無遺。

❉質料：半透明的薄紗質料，穿起來既飄逸又有若隱若現的效果，要不就是含有彈性成份的棉質，舒服與性感兼具。

❉色彩：野性十足的動物圖紋是妳的最愛，黃黑相間的虎斑、豹點、長頸鹿花紋，或是黑白相間的斑馬條紋、乳牛斑塊，在市面上都不難找到。

天蠍座休閒服

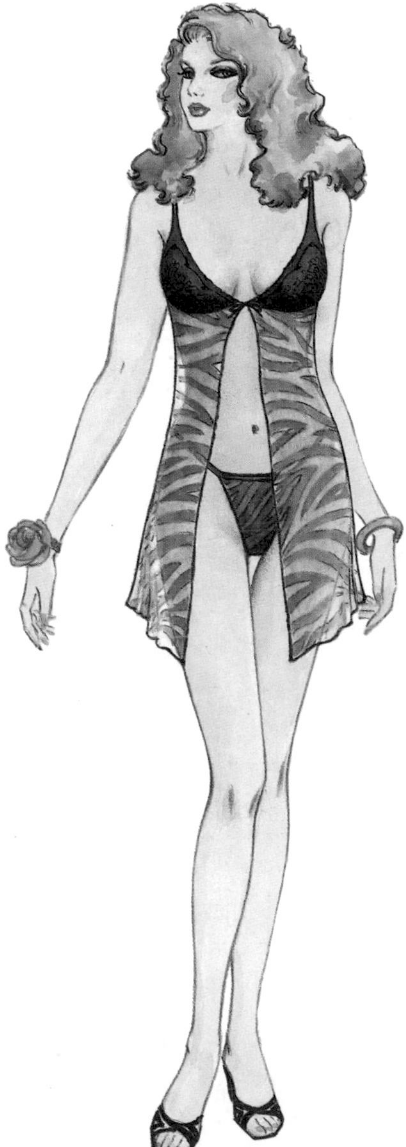

天蠍座睡衣

◎拖鞋

太大太鬆的居家拖鞋對妳而言，過於邋遢了些，細帶子的夾腳拖鞋，或是具有水晶般光澤的透明拖鞋，鞋跟微微高起也行，感覺像是公主的玻璃鞋一般，這兩種款式比較適合妳的型。

◎內衣褲

內衣褲對蠍女郎而言，是相當重要的服裝種類，這類服裝的變化設計，幾乎就是為了妳而存在，不論是高衩丁字褲、低腰比基尼、彈性蕾絲胸罩或是半透明薄紗小背心，妳總真心地認為是基於需要而全數擁有。

◎保養

喜歡性感裝扮的妳最不能忽略身體皮膚的保養，別忘了沐浴後用潤膚乳滋養一下，除毛也是不能偷懶的必要功課，脫毛乳可以用在毛髮較粗硬的地方，至於較細的腿毛或手毛，用除毛蠟效果更佳。

泳裝

提到泳裝，又有誰比神祕性感的蠍女郎更能秀呢！性喜運動的蠍女，能跑擅跳，自然不會排斥水上活動，尤其在此時又能展現出最傲人的一面，因此每逢盛夏，游泳池畔、海水浴場，盡是妳窈窕的倩影，其實男士們個個心中竊喜，有了妳，冰涼的池水為之沸騰翻滾，平靜的海洋也不免波濤洶湧。惜肉如金向來不是妳的穿衣哲學，最省布的比基尼才能打動妳的心弦，究竟少到什麼程度，嗯，脫下來摺一摺，大概剛好可以塞在耳朵後面吧！至於花紋，動物圖紋的野性美最能和妳相得益彰了。

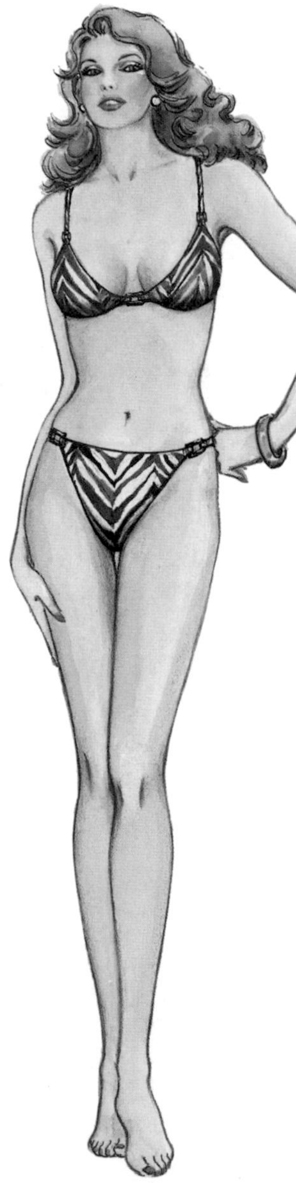

天蠍座泳裝

射手座衣著

如果票選十二星座最不需要衣服的女人，坦白的射手座女人必然在前三名之列。她用不著衣服的原因很多：首先，她不是人型射手便是馬型射手，前者是知識份子，過分著重腦袋而看輕肉體；後者身材矯健，穿得越少有時越好看。其次，她不喜歡待在家裡做家事，這位佳麗素來不是傳統婦女，衣服對她來說是項負擔。再來，她往往喜歡旅遊，輕裝簡從讓她感到輕鬆，厚重行李是項麻煩。

不過，她的男友不必為娶她不需花太多置裝費而高興太早，因她坦白但誠實到傷人心的個性會將你男性的自尊像氣球一樣爆開，例如她可能張著天真的雙眼誠實地問你為什麼一個月不做家事卻賺得比她還少？但無論如何擠出一個笑容吧！娶到這位樂觀開朗的女人是你的福氣，更何況她也不會像別的女人那樣要你沒事陪她逛街選衣服。

縱使如此，不少女射手的衣櫥仍然相當可觀（尤其談戀愛的時候，畢竟她的靈魂還是女人）。總體而言，運動休閒服與一般外出服同居兩型射手女郎行頭的壓箱地位，另外馬型射手必不可少的是旅行裝、泳衣與時髦搶眼的服飾如safari風格強烈的休閒裝、展露修長腿部線條的五分馬褲等，而人型射手則著重典雅但不必女性化的上班服、高貴的禮服以及時髦搶眼的衣類。

講到中性服裝，一般風象星座和火象星座的女人比較容易接受，其中白羊、射手、水瓶更可能不反對接近男性的打扮。女射手反串鬚眉，一方面是因為個性爽朗，常與男人結交成兄弟，不大有性別意識（談戀愛時恢復女兒身）；一方面是貪圖方便，希望免去女裝到處被評比的煩惱。所以極少數邋遢的女人馬一條牛仔褲配上件套頭衫就穿了一輩子，就別提更少數住在天體營的先進女傑了。

但形象設計家無法忍受過於粗糙的穿衣方式，尤其女性，因此一件優質的寬鬆男襯衫在腰間繫個結，配上簡單俊俏的超短熱褲，將得到更多讚嘆。其實馬型射手身材健美，不用合身的褲或裙凸顯一下結實的臀部與優美的大腿實在暴殄天物。

假如你想追求這位矯健的女郎，絕不要送她手帕，那些女娃兒玩的細碎玩意從來不是她的把戲。如果交情夠，送馬型射手一條丁字褲很可能令她印象深刻，倒不是說她是匹騷野馬，而是這個女孩好玩，她喜歡小丑，令她驚訝的禮物讓她開心。

這個女郎喜歡探索新世界，獵裝、馬褲之類暗示出行的服裝將挑動她腿內的旅遊蟲，讓她覺得自由（她最愛的東西），假如你送她馬鞭當生日禮物，在卡片上表明願效犬馬之力，得到她的機會立時暴增，所以下次向她示愛，選購哪些服裝你應當清楚了。

射手座女孩服裝概念

◎服裝類型圖

以輕便休閒與時髦搶眼型為主，不十分講究穿著，有趣就好，但有時會有不經意的性感誘惑裝扮。

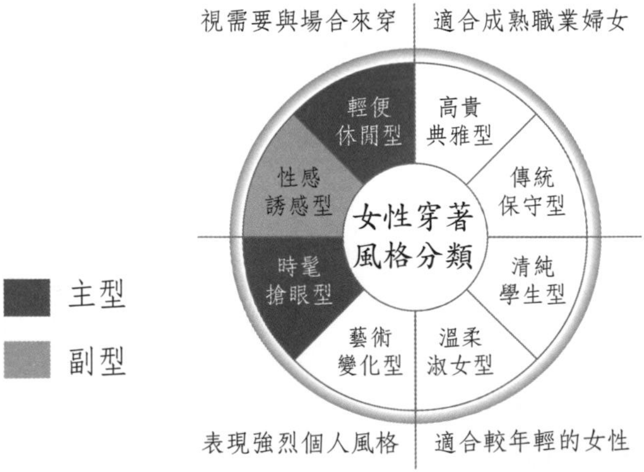

◎穿著特性

❋焦點指數	1	2	3	4	5	[6]	7	8	9
❋流行指數	1	2	3	4	[5]	6	7	8	9
❋變化指數	1	2	3	4	5	6	[7]	8	9
❋愛美指數	1	2	3	[4]	5	6	7	8	9
❋裝扮成功指數	1	2	3	4	[5]	6	7	8	9

◎幸運色彩

以藍色、紫色為最重要，或紅配綠也很適合。

暖色：綠色、紅色。

冷色：深藍、天藍、紫色。

◎幸運寶石

紫水晶、茶晶、翡翠、藍寶石、大理石、紅風信子石、月石、紅寶石。

◎小小叮嚀

❋有時過份不講究穿著，自以為是舒適方便的裝扮方式，會不小心淪為邋遢，應當引以為戒。

❋喜歡誇張的裝扮，比如說大花配大花或大紅配大綠，應該要學習一些服裝色彩搭配的技巧，才能穿得既搶眼又順眼。

❋大刺刺的個性常會造成衣著上的差錯，例如胸罩肩帶露出來、絲襪勾紗、鈕扣脫落等，應該要特別留意。

上班服

靜不下來的妳如果只是頭腦的動，並不十分影響到妳的職場形象，如果是身體力的動，那麼在穿著上太過強烈的休閒感，難免會遭致老闆的白眼，因此奉勸活潑的女射手，此時還是不得不勉強穿上合宜的上班服。

◎服裝

※款式：在休閒風興起的現今，中性化的上班服已經普遍被人接受了，較正式的西裝褲配上外套或兩件式的針織衫，只要式樣不過份男性化就行了。

※質料：為了適度顯現女人味，服裝質料最好軟一點，混紡的柔軟羊毛、稍厚一點的砂洗絲，或是棉、麻等天然材質都不錯。

※色彩：可以用中性色中的深藍色與卡其色為基調，再用較鮮豔的紅、綠等色來搭配。

◎配件

※飾品：喜歡俐落裝扮的馬妞對一般女性慣用的裝飾品興趣不大，若是一定要裝飾一下，不如買一只式樣簡單、質感又好的手錶，或是皮夾、名片夾與筆也不錯。

※皮包：形狀較方的單肩背包很適合，但若是採用手提的公事包，線條與質料都需要稍微柔軟一點，才不會成了男人婆。

※鞋襪：搭配女性西裝褲的最佳皮鞋就屬低跟的方頭包鞋，在夏天襪子可以穿同色系的及膝絲襪，冬天同色不透明短襪較佳。

◎髮型

非常怕麻煩的妳，有兩種最方便的髮型，一種是中卷有層次的短髮，早上起床用水沾溼，以手指抓幾下，再上一點髮雕就行了，另一種是直的學生頭，梳幾下就可以出門了。

◎化妝

姣好的面容使妳即便不化妝也相當美麗，但為了職場禮儀，還是應該上一點基本彩妝，薄薄的粉底、咖啡色的眼影及色澤自然的唇膏，會給人一種對工作更加尊重的感覺。

射手座上班服

約會服

個性頗為中性化的女射手，此時總算該收斂起湯姆男孩的脾氣了，換上一身嬌又俏的服裝，活潑新潮的款式，將比刻意裝扮成溫柔淑女更能自然表現，到時一定會有頻率相近的伴侶被妳的大方率真所吸引。

◎服裝

❇款式：流行的小喇叭褲、低腰束帶褲或輕便的短裙，配上連帽式的或以拉鏈裝飾的運動風T恤，與妳活潑的個性相得益彰。

❇質料：只要是舒服容易處理的質料你都不排斥，而太過細緻、必須送洗或容易鉤紗的針織服裝就不適合粗枝大葉的妳了。

❇色彩：幸運的紫色與藍色將能增添自信，不妨選擇鮮豔的皇家紫與水藍，要不就是亮麗的草莓紅、西瓜紅，配上帥氣的軍裝綠，效果奇佳。

◎配件

※飾品：不習慣身上大大小小的細碎飾物，頂多一只搭配服裝的酷炫手錶，再加上一副造型特殊的眼鏡架，大概就算很講究了。

※皮包：長帶子的單肩背包，可以斜背，或是各種附加在長褲或裙子上的機能性扁包，都很能展現妳的輕快俐落。

※鞋襪：輕便的運動涼鞋，稍微有點跟的款式，或造型新潮的圓頭、方頭厚底鞋，搭配色彩對比的短襪，舒服又有型。

◎髮型

在微卷的短髮上使用柔順離，讓它更加服貼一點，如果時間允許，心情又特別愉快，妳也許還會不厭其煩地用熱髮卷刻意做個外翹的可愛造型呢！

◎化妝

為了增添幾分女人味，約會時的彩妝要比平日上班的妝稍微隆重些，上一點自然的粉底，眼妝可用雙色的畫法使眼神更加靈活，唇膏的色澤不妨嬌嫩一點，如珊瑚紅或粉豆沙色。

晚禮服

不擅長刻意營造性感氣息的妳，卻天生有著修長的好身材，美麗的臀部與大腿線條，別忘了用緊身加高衩的禮服好好展現一番，愛熱鬧的性格往往讓氣氛high到最高點，因此妳的party總是一場接著一場地沒完沒了。

◎服裝

✻款式：一件式的禮服不符合妳愛作怪的個性，不妨用兩件搭配式的，輕薄短小的中空上衣，腰際圍裹著貼身的沙龍裙，散發出一股強健有力的野性美。

✻質料：各種發亮的材質，厚薄不拘，綴有亮片、珠子，或是繡花、蕾絲與流蘇，來者不拒。

✻色彩：當然是越搶眼越好，配色原則根本拋到九霄雲外，大紅配大綠，寶藍配艷紫，不過只要能掌握色彩的整合，還是能造成特殊的矛盾美感。

射手座約會服

射手座晚禮服

◎配件

❈飾品：不戴則已，一戴驚人是妳的座右銘，各種飾品都是大而多，彼此碰撞發出叮噹聲，好不熱鬧。

❈皮包：長長的細帶子或金屬鏈子繫住的小型背包，斜斜著背才更有味道，或是低低的繫在腰際也很性感。

❈鞋襪：只有一根細帶子的夾腳涼鞋，或是兩根細帶子交叉的款式，有時甚至是平底的，照樣能展現長腿姊姊的魅力。

◎髮型

抹上大量造型膠，將一頭卷曲的短髮抓得又亂又翹，再用瞬間染髮乳或是噴霧劑像作畫般做出妳想要的五彩效果，自娛娛人一番。

◎化妝

在這樣的場合，女射手會為了創造趣味而濃妝豔抹，上了粉底之後，一定來點閃閃發光的銀粉，光怪陸離的眼影、睫毛膏與唇膏，絕對具有高度震撼力。

休閒服

終於到了可以好好發揮，回復自我真實面貌的時候，擅長運動又喜愛戶外活動的妳，會有一整櫃子的運動休閒服，而且絕對要求機能性，也喜歡時髦有趣的感覺，妳的休閒服可是滿講究的。

◎服裝

❊款式：擁有修長的雙腿與渾圓的臀部，妳是絕佳的牛仔褲代言人，而且是長短皆宜，至於上衣，寬鬆的襯衫或T恤都能穿出一身灑脫。

❊質料：褲裝最好是質感厚重的丹寧牛仔布，粗棉卡其布也相當常用，上衣則是吸汗又舒適的棉織品。

❊色彩：各種鮮豔的色彩都有可能出現，即使是牛仔褲也不例外，尤其是在心情放鬆的情況下，妳更樂於嘗試大膽的配色遊戲。

射手座休闲服

◎配件

※飾品：帽子是最實用也最需要的了，要不就是打球時的護腕、護膝等，一只帥氣的潛水錶，一副勁爆的墨鏡，全身細胞都動了起來。

※皮包：背帶上有著舒適軟墊的雙肩背包是妳的最愛，同時背包上還必須有好幾個拉鏈夾袋，才方便隨時立即拿出妳想要的物品。

※鞋襪：運動品牌年年研發出來的各式新款球鞋妳是再熟悉不過了，不同的運動項目，會有最恰當的鞋，在一般休閒時來穿，也是舒服又安全，襪子則是運動棉襪。

◎髮型

就算是短髮，在此時也會將它們全部梳到後面去，也許是用彈性束髮帶，或是彈簧圈髮箍，萬一留長髮，當然最適合的髮型就是俐落的馬尾，配上前額一小撮短短的瀏海，活脫俏馬妞一個。

◎化妝

怎麼說在這樣輕便自在的時候，妳是絕不肯化妝的，也好，氣色絕佳的人連唇膏都免了，但若是唇色較差的，最好還是勉為其難地塗上一點最自然的唇膏吧！

睡衣

儘管待在家裡的時間比別人少，覺還是得睡，綴滿蕾絲邊的絲質睡袍，或是飄逸浪漫的雪紡紗長衫，對妳而言都太做作了些，而且行動也不夠方便，上下分開的睡衣褲，簡單舒適又俐落，這才是妳的最愛。

◎服裝

＊款式：夏季裡最喜歡背心式的上衣，加上一條四角短褲，冬天最愛前開襟的兩截式褲裝，方便舒服最重要。

＊質料：當然是要耐穿又耐洗的棉質料子，對做家事視為畏途的妳，最好選擇50%的合成纖維混紡材料，從洗衣機到烘乾機，一次OK。

＊色彩：夢幻式的粉彩得不到妳的青睞，色彩鮮豔的大花或大格子，或是充滿活力的黑黃或黑白相間動物圖紋，都是不錯的選擇。

射手座睡衣

◎拖鞋

赤腳大概是妳最自在的居家活動方式，既敏捷又舒服，只是到了冬天，難免腳丫子凍得受不了，此時妳仍然是以絕無滑跤之虞的平底泡綿拖鞋為主，什麼秀氣的、優雅的款式，都與妳無關。

◎內衣褲

女射手的性感是以一種不經意的性感，在鬆垮的四角睡褲之下，也許正穿著一條高衩的bikini內褲，為了趣味，妳的內衣褲種類絕對少不了，其中當然不乏令人咋舌的大膽式樣。

◎保養

妳不是那種在家勤於膚臉與按摩的嬌嬌女，但可別忽略基本的保養，尤其對戶外活動的熱衷，更不能忘記防曬、保溼與去角質等這些基本功課。

泳裝

依活動力強弱來排名，在十二星座中，射手女絕對可以拔得頭籌，天生的運動員資質，讓妳成為頂級的水上玩家，不論是駕駛著水上摩托車奔馳在波濤洶湧的大海上，或是操控著獨人風帆徜徉於一望無際的汪洋中，妳的表現總是不讓鬚眉。此時值得一提的，當然還有妳那雙修長的美腿與渾圓的美臀，使得妳即使是穿上最基本的連身泳裝，也能立即成為眾人眼光的焦點，當然在天生麗質難自棄的情況下，妳多半喜歡一些輕便又性感的泳裝，如一件露肩小可愛加上低腰運動褲就是不錯的選擇。

射手座泳裝

摩羯座衣著

衣服有好些功能，雙魚座的女孩特別重視衣服的親和性或者美感，金牛著重衣服的保暖、保護功能，而天秤著重衣服的美感與交際功能，對於典型的摩羯女郎而言，衣服則特別具有實用與彰顯地位的意義。

由於難以從體型上判斷摩羯座（這個星座外型各式各樣），所以想根據外型找到山羊不簡單，一個辨法是從她穿衣的風格去判斷。

首先，摩羯與金牛、處女同為土象星座，受到土的務實性影響，她也如金牛般容易接受質料舒適而多功能的衣類，雖然絲質衣料符合她的個性，但有些較原始的摩羯（一月上旬生）卻更喜愛粗纖維的天然材質如棉、麻或毛料，這些質料讓她有親近土地的安

全感，縱使讓她土裡土氣她也常能接受，這是一位能接受生命荊棘與衣服荊棘的女士。

其次，由於山羊佳麗個性較保守，所以過於先進或怪異的衣料如紙或金屬感的合成纖維，或是太大膽的剪裁、設計常不為她所喜，射手、寶瓶等穿衣較大膽的星座男友送山羊女友新衣時宜忘記自己的喜好。

講到體型特徵，膝蓋骨骼的問題常造成腿部彎曲是摩羯少數較多見的特徵之一，為了彌補這個缺憾，一般不建議摩羯穿迷你裙或緊身褲，而雖然她往往強韌得超過穿長褲的男人，長裙搭長靴仍是形象顧問常給的建議，如果要穿褲裝，具有模糊腿部線條的老爺褲或較寬的喇叭褲是為上選。一些受剋的摩羯少有胸部健美者，作較性感的裝扮時，不妨穿上有襯墊的胸罩，效果會更好。

除了傳統保守型的服裝外，高貴典雅的衣類也是山羊女所鍾愛的，這位非爬到人生山頂才滿意的女強人，拒絕接受任何山腰或山腳的安排，包括穿衣在內。雖然有不少摩羯在未發達前穿得節省到近乎吝嗇的地步，但那是因為他是男人或者不快樂，多數成功或邁向成功的開心山羊女郎總是在臥房隔一個穿衣間（或至少用上好的衣櫃），也許所有把手都鑲金，那衣服就別講了，這位在有些方面可以吝嗇的女郎只願接受最昂貴的衣物，不會輸給母獅，只不過沒那樣炫耀而已，她買衣服時下手之闊綽常令自以為瞭解她的男友大吃一驚。

衣服的牌子與價格對這女郎一樣重要，假如不是GUCCI、GIVENCHY、CHANEL、LAGERFELD 等標價一千美金以上的貨色，請你不要送給她。雖然摩羯佳麗精明到可在地攤撿到Dior 級貨色的地步，但名牌始終可撥動她心底的一根舒適神經。

這個大出職業婦女的星座有較多出席正式場合的機會，適合出席國宴的衣裝縱使很少機會穿，但掛在衣櫥裡仍然讓摩羯女窩心。

這位女士學過穿衣後，太花的衣服通常不吸引她，這位傾向於早熟的女人對生命抱持嚴肅的態度，單色而華麗的黑、棕很能反映她的靈魂，但不要給她調色盤般的抽象藝術裝。

溫柔淑女型的服裝也吸引較年輕的摩羯，但這比較是文化因素的影響，這位重視紀律的鐵腕女士穿上公主裝也許十分可人，但這只是因為我們的社會文化期許女郎作那樣裝扮，實際上她包在工作制服或軍裝裡更為自然。

摩羯座女孩服裝概念

◎服裝類型圖

以傳統保守型、高貴典雅型為主，年輕時也可以作溫柔淑女或清純學生型的裝扮。

◎穿著特性

※焦點指數 1 2 3 [4] 5 6 7 8 9

※流行指數 1 2 [3] 4 5 6 7 8 9

※變化指數 1 2 [3] 4 5 6 7 8 9

※愛美指數 1 2 3 [4] 5 6 7 8 9

※裝扮成功指數 1 2 3 [4] 5 6 7 8 9

◎幸運色彩

以深磚紅、深藍、深棕色為主，也適合灰、黑

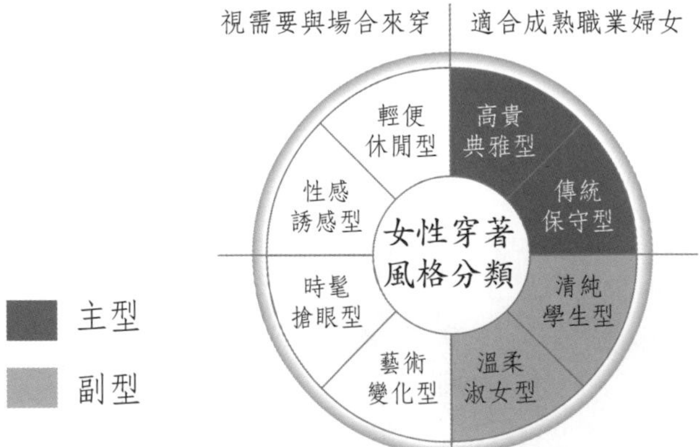

色與各種斑點花紋。

暖色：深磚紅、深棕色、墨綠。

冷色：深藍、深灰、深藍紫。

◎幸運寶石

藍寶石、蟾蜍石、青金石、黑玉、方鉛礦、黑灰無法磨光的石頭、價值不高的一般寶石。

◎小小叮嚀

✻保守的穿著習慣，使得在打扮上有些兒無趣，有時不妨放鬆心情，試著接受一些變化，也可以增添生活情趣。

✻對名牌的追求主要是來自對社會地位的重視，然而一味崇尚名牌並不能保證穿出最佳效果，應該多多學習穿著的技巧與藝術，才不會花冤枉錢。

✻對於不同的場合或人，很有大小眼的味道，連裝扮也有很大的差異，往往在自認不重要的時候，穿著太過隨便，甚至到了邋遢的地步。

上班服

發揮妳的傳統保守特質，再加上一貫的重視品牌與質感，身為上班族的山羊女打從社會新鮮人開始，就展現出過人的攀峰意志，作什麼就得穿得像什麼，對妳而言主管的架式早就具備，只等自己一步步向上邁進。

◎服裝

※款式：西裝式套裝是妳的基本款式，為了端莊又有說服力，長袖優於短袖，裙子則是H型的窄裙，以及膝或長及小腿肚為主。

※質料：較硬挺的質料比較有型，高級的純羊毛料或混紡毛料，夏季也穿一些較厚的絲質或細緻的麻質。

※色彩：本身的幸運色恰巧就是最適合上班女郎的中性色，如深藍色、咖啡色、灰色與黑色，別忘了用一些較明亮的色彩去搭配，才不至於太過嚴肅。

◎配件

※飾品：為了整體的質感與美感，妳會使用成套的耳環與項鍊或高級的胸針，當然一只名牌手錶更是少不了的。

※皮包：一定選用手提式的女用公事包，最高級的皮質，要記住式樣不可太過男性化，線條宜軟性一點。

※鞋襪：高級皮質中跟淑女包頭鞋，鞋頭介於方與圓之間，沒有其他裝飾，襪子多半是傳統的淺膚色。

◎髮型

短至中長幾乎沒有層次的齊長髮型，有點學生頭的味道，經過彈性燙，比較容易造型，梳理得整整齊齊，髮尾吹得向內微卷。

◎化妝

向來給人素樸印象的妳，在上班時，別忘了基本的化妝禮貌，上一點薄薄的粉底，而明亮的腮紅讓起色更佳，褐色的眼影，磚紅或酒紅色的唇膏，自然又亮麗。

摩羯座上班服

約會服

為了展現樸素務實的女性美德，妳的約會裝扮將是典型的淑女風格，剪裁大方的長洋裝，有著舒適的觸感，雖然不是頂浪漫的款式，但卻仍然彰顯出妳的高品質訴求，此時最好加上一些典雅柔美的飾品，將能更添幾分顏色。

◎服裝

❇款式：一件式的長洋裝，略寬的裙襬，偏向女性化的剪裁，如圓弧形的領子與口袋等，此外軟性的長裙套裝也不錯。

❇質料：喜歡較柔軟的天然纖維，如細緻的純棉布、或是麻與rayon的混紡等，手感不錯的生絲、羊毛織品也可以考慮。

❇色彩：灰色與黑色可以表現高貴的氣質，若要顯得更可親，偏紅的咖啡色或藍紫色比較能達到效果。

◎配件

❋飾品：小而典雅的垂吊式耳環，配上精緻的短項鍊或流行的Y字鍊，或是整套的細珠串飾品，都能將服裝的味道凸顯出來。

❋皮包：淑女型的手提包，軟而不發亮的高級小羊皮，弧形的設計如圓角圓邊、適度的抽褶等，最能襯出裝扮的整體性。

❋鞋襪：中跟淑女包鞋，偏圓的鞋頭，腳背上多一條直的細帶顯得更古典，多一條橫帶則顯得清純，兩種款式都適合，襪子則是透明膚色絲襪。

◎髮型

中長的微卷髮型可以將髮稍吹整一番，向內卷看起來溫柔婉約，稍稍向外翻則表現另一種復古的典雅嫻靜，都很適合淑女型的妳。

◎化妝

此時的面部修飾相當重要，薄而勻的粉底要能表現最佳氣色，眼妝很重要，眼線、眼影與睫毛膏都應仔細描繪，色彩宜自然，唇膏色彩不妨甜美些，可比平日鮮明一點。

晚禮服

為了這樣隆重的場合，山羊女將不惜斥巨資買下極昂貴的晚禮服，也許只是最基本的款式，但高級的質感配上做工精細、材料一流的各種綴飾，連外行人也能一眼看出它的價值不菲。

◎服裝

❊款式：簡單大方還是妳不變的原則，因不習於裸露，常用紗質裝飾肩與前胸部位，否則就只有仰賴小外套或披肩了，裙子則傾向較蓬鬆的公主式樣。

❊質料：質感高貴價格也的確很貴的絲絨或織錦繡緞，或是綴有精美珠翠亮片的豪華材料，都是妳的最愛。

❊色彩：傳統禮服色彩的黑經常雀屏中選，而高貴典雅的深藍、酒紅與墨綠也能襯出妳的端莊氣質。

摩羯座約會服

摩羯座晚禮服

◎配件

✻飾品：昂貴的珠寶終於有了表現的機會，式樣上雖不是頂誇張，但內行人一眼就可以鑑別得出這些行頭的價值，耳環、項鍊通常是成套配戴。

✻皮包：軟質的手提袋，絨面或是綢緞質料，表面綴有精緻的珠寶亮片，帶子細而短，剛好可以掛在手腕上。

✻鞋襪：妳會搭配一雙緞面高跟包頭宴會鞋，略尖的鞋頭，有珠寶鑲嵌的鞋跟，雙腿雖然遮住了，極為透明的淺膚色絲襪還是不會忘記穿。

◎髮型

將頭髮向後挽成一個乾乾淨淨的髮髻，為了搭配妳成熟動人的風韻，以梳得較低較光滑的西班牙式髮髻為佳，再戴上一個豪華的髮飾，就更能增添幾分貴氣。

◎化妝

在這樣一個正式的宴會中，通情達理的山羊女當然知道該隆重上妝，兩、三層粉底要記得上勻，亮麗的腮紅、深淺有緻的眼影與深紅色的唇膏，一樣也不能少。

休閒服

山羊女並不十分好動，運動場上或深山野外並不常見妳的芳蹤，但偶爾去郊外散散心、親近一下大自然的欲望還是有的，妳會穿上簡單方便的寬鬆長袍，或是整套的休閒褲裝，別小看這些衣服，也許還是名牌貨呢！

◎服裝

❋款式：一件式的直筒長洋裝，既輕鬆又不失端莊形象，穿去散步很適合，若是去郊遊，可以採用整套的休閒褲裝。

❋質料：喜歡厚重的質感，尤其是天然纖維，因此稍厚一點的棉布或純麻都很適合，而這些質料的耐磨耐洗也最能符合妳的務實原則。

❋色彩：卡其色的自然不做作和服裝的款式與質感都能相得益彰，另外大地色系中較鮮豔的磚紅、橄欖綠或夏季海軍的藍白色系也不錯。

摩羯座休闲服

◎配件

※飾品：此時妳不會戴一些不必要的飾品，最實際的太陽眼鏡則是必需的，選一副較淑女的式樣，此外就是遮陽的傘或帽子了。

※皮包：手提的草編藍子很適合搭配長洋裝，有一種鄉村的野趣，當穿著褲裝時，可以選擇寬背帶的大型布袋，方便又舒適。

※鞋襪：運動並非妳的拿手項目，因此運動鞋大概派不上用場，低跟的淑女休閒鞋，或是輕便的涼鞋就足夠了，襪子以實用的白色棉襪為主。

◎髮型

一頭素淨的中長直髮，有學生的清純感，為了行動上的方便，可以將頭髮用髮帶或髮箍向後攏起，稍長一點的也可以向後梳一個簡單的公主結。

◎化妝

此時並不需要太多的彩妝，上一層薄薄的防曬粉底，再用最自然的唇膏稍加美化一下，其他如眼影、腮紅等色彩就可以省略了。

睡衣

實用主義的妳在這時表現得最是淋漓盡致，睡衣專櫃中各式各樣設計新穎、風情萬種的款式，泰半引不起妳的興趣，舒服第一，好的質料勝過一切，況且在這種沒人看的場合，山羊女是懶得費心去裝扮的。

◎服裝

※款式：喜歡最簡單的直筒長睡袍，為了舒服，並不要求多餘的細部裝飾，蕾絲、荷葉或繡花等，只要功能不顯著，都可以免了。

※質料：純棉質料為佳，夏天選擇薄的棉紗料，冬天喜歡厚重的棉質法蘭絨，除了舒適，耐穿耐洗也很重要。

※色彩：為了達到禁髒實用，不考慮太淺的色彩，灰色、咖啡色、深藍色或紅藍綠相間的蘇格蘭式格紋也很適合。

◎拖鞋

拖鞋攸關到健康、安全與舒適性，因此頗能得到妳的重視，夏天穿著皮底皮面的平底包頭拖鞋，冬天可能選擇鋪棉的包頭式樣。

◎內衣褲

個性保守又務實的山羊女在這方面可以說是乏善可陳，不要說是性感香豔，連五彩繽紛都談不上，整個抽屜中盡是最清一色的膚色，無縫胸罩加上高腰內褲，典型的好女人款式。

◎保養

雖不是位居愛美排行榜中的前幾名，但對於價格不菲的高級保養品，還是很捨得投資，又由於生性守紀律，在每日的基礎保養上執行得相當徹底，因此對皮膚的照顧算是得分頗高。

摩羯座睡衣

摩羯座泳裝

泳裝

運動神經不特別發達的山羊女，如果又不幸生了一雙不頂標緻的腿，可能對於游泳這樣的活動，不甚熱衷。由於時尚感並不敏銳，每年的泳裝新款對妳而言，純粹只是雜誌上展現美麗女性胴體的另一個藉口。不過為了維持一貫的高品質作風，即使穿的機會不多，妳還是會投資買一件質感不錯的泳裝。式樣上偏向連身的一件式，素色的比花的更能彰顯質感，剪裁較為保守，領口袖口都不會開得太大，短褲的部分必須將臀部包得密實一點，如果能多加一片小裙子，就令妳更自在了。

水瓶座衣著

也許妳已聽過這個世界即將進入水瓶座時代的講法，假使從服裝觀察，這種說法有些道理。

水瓶座主管創新、科技、都會文明與革命，這些性質在現代女性服裝中有相當的表現。首先是創新，這幾年來，連最頑強的傳統品牌如GUCCI、CHANEL 等都不得不放棄堅守已久的原則，以全新的面貌來因應一夕數變的流行浪潮，不論在剪裁、衣料、風格上，大膽之作令人耳目一新，果然有如浴火鳳凰般的重生，在市場上屢放異彩。科技發展對服裝的影響歷歷可見，從尼龍、各式混紡、彈性布料、紙質到金屬纖維，現代人多了許多穿衣的選擇與趣味，而一些講究現代感的水瓶，對這類新服裝是趨之若鶩的。

由於水瓶是十二星座中少數的「人形星座」(由「負水童子」所象徵),所以他們特別重視人本精神,對人類都會文化有特別的喜好,表現在服裝上,他們便常喜歡穿著反映深厚文化的作品,例如美國人穿旗袍或者中國人穿法國宮廷裝,而對過於簡單、原始的服裝產生排斥,這是為什麼一些較重視自然的星座如金牛等會覺得水瓶過於人工化,有時顯得矯揉造作。

至於革命,水瓶中有少數叛逆性極強的個體,他們往往以服裝表現自己的不同流俗,或者以服裝擁護自己信奉的主義,近期的中性主義、太空主義便是兩個例子。倫敦去年冬天的一款大男生穿裙子、強化腹股溝區、掛上細長帶小皮包的作品,讓人對大男生穿大膽小女生裝的效果錯愕不已,而錯愕正是好些水瓶最喜歡製造的情緒。一件式錫箔太空裝加天線的穿法也表明了水瓶堅持未來主義的態度。

屬於風象星座的水瓶,有著超於常人的智慧,她很能接受用衣服表現智慧的作法,譬如那種將電腦穿戴在身上的穿法。縱使她是十世紀的女人,她也可將衣服做成兩面穿不一樣的款式。

由於身材一般較長,面部輪廓又分明,這個星座其實出不少走秀妖姬,天生是穿時髦搶眼型及藝術變化型服裝的衣架子,對於這兩種許多星座不擅表現的衣類,應該加以發揮。可惜不少不重視飲食、身材的水瓶讓自己發福，結果一身太空裝竟被誤以為是「天豬星座」的來客。

這個星座也以中性聞名，公瓶可能肥臀，母瓶也許寬肩，但也因為這樣，中性裝在他們身上可發揮得淋漓盡致。

這個星座一般不大應付得來傳統保守型、清純學生型的服裝，前者違反她本性，後者太缺乏世故、複雜的都會味。溫柔淑女型的衣裝她在必要時雖然可穿，但她穿那身打扮和你辯論相對論或政府改造時，你會有種被騙的感覺——永遠別想唬你那位水瓶乖乖貓。

性感誘惑型的鏤空裝或丁字褲她也穿得很合身，但她冷涼的風味也許讓你傷風，不要期望她像餓鬼般吮吸你的大腿，反之亦然，那種遊戲請找水象或火象的星座女郎去玩，輕快的風是不接受膩搭搭、火辣辣的感情的。

水瓶座女孩服裝概念

◎服裝類型圖

以時髦搶眼、藝術變化型為主，有時亦可做性感誘惑型的裝扮。

◎穿著特性

	1	2	3	4	5	6	7	8	9
※焦點指數	1	2	3	4	5	6	7	8	[9]
※流行指數	1	2	3	4	[5]	6	7	8	9
※變化指數	1	2	3	4	5	6	7	[8]	9
※愛美指數	1	2	3	[4]	5	6	7	8	9
※裝扮成功指數	1	2	3	4	5	6	[7]	8	9

◎幸運色彩

以紫紅為最重要，各種條紋、格紋都適合。

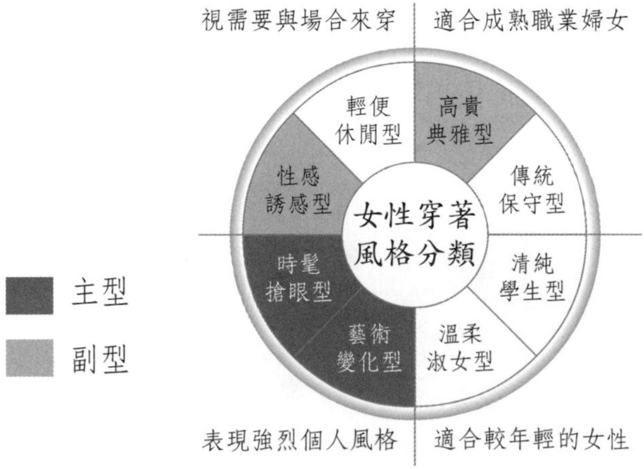

能穿各種藍色，如靛藍、深藍、淺藍以及帶電的藍色。

中性色中的灰、黑、白也不錯。

◎幸運寶石

琥珀、部分太陽和金星的寶石。

◎小小叮嚀

※中性化是她的首要原則，因此在某些場合，難免被認為缺乏女人味，因此不妨偶爾在飾品配件上稍微增添一點柔性風格。

※「怪異」可能是其他凡夫俗子對這位革命性人物的穿著方式的評語，因此為了贏得他人的信賴，有時還是不得不參考所謂的主流穿衣規則。

※天生的高挺身材，在發福的初期並不容易察覺，應該要多加注意飲食與運動習慣，才不致平白糟蹋了絕佳的穿衣本錢。

上班服

如果恰巧是從事創意性工作的人，此時應該可以發揮得淋漓盡致，但萬一工作環境較為保守，或亟待贏得信任，或必須表現高度的親和力，在穿著打扮上最好稍微節制一些，不宜穿得太引人側目。

◎服裝

✽款式：由於休閒風的盛行，女性上班族穿著長褲越來越普遍，妳可以選擇短的上衣搭配帥氣的直筒西裝褲，上下不成套也無所謂。

✽質料：夏天可選擇較硬挺的棉或麻的混紡質料，冬天則選擇毛料，如果想增加光澤度，可用具未來感的亮質材料添加在口袋或鑲邊處。

✽色彩：中性色中的黑色最具說服力，灰色看起來可靠，亮質的銀灰高貴又沒有距離感，當然若為了增加親和力，可以加上一些鮮豔的襯衣或圍巾來點綴。

水瓶座上班服

◎配件

※飾品：可以選用中到小型的釦子狀耳環，妳特別喜歡中性的直形線條或幾何圖案，在此時用起來相當合適，手錶則以方形錶面為佳。

※皮包：較偏向中性化的女用公事包是必備的，具有強烈高科技傾向的妳，更喜歡能同時放置手提電腦的兩用包，最好還有獨立的手機袋。

※鞋襪：搭配西裝褲，最佳的選擇就是低跟的包頭鞋，鞋頭較方且鞋面較長的中性式樣，襪子則是與鞋子同色的短棉襪。

◎髮型

將一頭卷卷的短髮梳理整齊，抹上一些髮雕，增加溼亮的潤澤感，稍長一點的頭髮，可將髮尾微微向外吹，成為外翹式的髮型，俏麗中不失端莊。

◎化妝

正式而較趨向保守的彩妝是此時必須勉強去完成的，抹上薄而均勻的粉底，妳認為最無趣的咖啡色或灰色眼影卻是最恰當的，唇膏最好也是選擇自然的磚紅或酒紅。

約會服

喜歡標新立異的妳，最好先探聽一下對方的個性與偏好，如果沒有十足的把握，只好暫作調整，裝扮得稍微女性化一點，當然假使是和妳的他約會，就不必顧慮這麼多，盡情展現妳特立獨行的絕代風華吧！

◎服裝

✻款式：為了秀秀這一雙修長的美腿，短洋裝是最佳選擇，儘管式樣上十分多變，甚至有些奇特，但總是將妳女性的一面充分地表現出來了。

✻質料：有著金屬質感的合成纖維、閃閃發亮的防水尼龍布、類似將紙刻意揉皺的或是折成整齊細小褶子的布料，都能以不尋常取勝。

✻色彩：淺紫與水藍顯得妳略為溫柔，中性色的無彩度灰、黑、白則很能表現獨特的個性美，可以視情況而採用。

◎配件

※飾品：中性化、有明顯角度或設計感強烈的飾品比較能吸引妳，耳環、項鍊、手環、戒指，只要是對味的，都會出現在妳身上。

※皮包：適合斜背的長帶子單肩背包，或是掛在腰部與臀部的小型袋子，都能表現妳的個性。

※鞋襪：今年流行的厚底包頭鞋或娃娃鞋，各種不同長度的靴子，搭配色彩對比的短襪、絲襪或韻律襪，都很能凸顯妳傲人的美腿。

◎髮型

喜歡俐落短髮的妳，在此時可以將一頭卷髮抹上一點髮雕，再用手抓亂，立即散發一股野性美，頭髮稍長的可以試著做一些不規則的分邊，或梳理成各式各樣髮束或髮髻，創意與女人味兼得。

◎化妝

現在不宜做出太實驗性的舉動，不習慣嬌媚的妳仍應努力試著去做，抹上薄薄的粉底，再上一點粉色系的腮紅，加上色澤明亮的口紅及加強溫潤感的唇凍，就大功告成了。

水瓶座約會服

晚禮服

即使並不存心賣弄性感，然而周遭的人們，往往還是被瓶女郎的大膽穿著驚嚇得不知所措，妳的獨到眼光與穿著品味，其實只有在這樣的場合，最能充分發揮，想要一睹最前衛的走秀晚宴服，請緊緊跟著瓶女郎。

◎服裝

❋款式：很難描繪出一個特定式樣，只要是別人想不出來、或不敢穿出來的服裝都很能吸引妳，因此不論長短寬窄都有可能，而變來變去唯有不同才是永恆的原則。

❋質料：喜歡具有未來感的材質，因此最新研發的各種混紡或人造纖維妳都勇於嘗試，其中尤以閃著金屬光澤的質料最能贏得妳的青睞。

❋色彩：在一片鴉鴉烏的晚間社交場所，妳絕不會從俗地跟著大家穿黑，正放著電的淺青、像發燙金屬般的橙紅、或令人產生暈眩錯視的條紋，都是妳的絕佳選擇。

◎配件

✻飾品：華麗昂貴如海洋之星般的珠寶並不見得能引起妳的興趣，反而一對刀叉倒是滿不錯的耳環素材，項鍊嘛？就用螺絲起子好了。

✻皮包：一般宴會包唯一令妳心動的只有金屬製品，或是壓克力的硬質皮包，最好配上長長的帶子，好讓妳用各種方式在肩部、腰部、臀部或背或掛。

✻鞋襪：鞋與襪當然也是非傳統的，那種只有在鞋類博物館展覽用的款式，才是妳夢寐以求的仙杜麗拉鞋，一穿上傾刻間保證洋溢著公主般的滿足感。

◎髮型

超現實的特異髮型是妳的堅持，不論是不對稱的幾何式短髮，或是將一頭長髮梳成各種尖的、扁的、圓的、方的、甚至三角形的髮髻，再戴上彈簧狀、鋸齒狀、鍊條狀等令人咋舌的髮飾，這才叫過癮呢！

◎化妝

妳的化妝方式保證別樹一格，無論今年流行的是藍色還是綠色眼影，妳可能拿來當作唇膏的色彩也說不定，反正是個絕佳的作怪機會，再怎麼玩也不嫌過火。

水瓶座晚禮服

休閒服

瓶女郎比較喜歡運動的是頭腦而非四肢，對充滿天然景致的山林田野興趣不大，反而更能欣賞經過人工修飾的公園或度假村，因此真正的運動服不太用得上，休閒時只要是輕鬆舒適的服裝就可以了。

◎服裝

✻款式：妳喜歡上下分開的褲裝，一些式樣較為特殊的褲子，如燈籠褲、七分喇叭褲或上寬下窄的騎師馬褲等，還好腿長正是妳的優點，這些奇怪的褲子穿起來效果都不錯。

✻質料：為了舒服與耐磨，褲子多半是較厚的棉質丹寧布，上衣則較為多樣化，從貼身的亮質萊卡棉到防水布的連帽運動衫都有。

✻色彩：夏天裡藍白相間的海軍系列搭配起來十分清爽，冬天裡各式各樣的蘇格蘭式格紋則顯得溫馨適意。

◎配件

❊飾品：好玩的太陽眼鏡與休閒手錶是妳最常使用的休閒飾品，而如果耳機也算是飾品的話，妳就是那種最喜歡隨身聽、隨身說、隨身看的人了。

❊皮包：長相奇特的袋子最能吸引妳的注意力，因此用魔鬼粘黏起來繫在手上的腕包、臂包，或是連在衣服上的腰包、臀包也不錯。

❊鞋襪：夏天會選擇輕便的運動休閒鞋，冬天則換成舒服的德國勃肯大頭鞋，搭著厚重的毛襪來穿，好走又好看。

◎髮型

為了方便，妳可能會將前半部頭髮紮成一束沖天的髮髻，性格又有型，或乾脆將頭髮剪成極短的小男生頭，在這樣的場合是再舒服不過的了。

◎化妝

在如此輕鬆的氣氛下，妳的愉悅心情，會使妳決定將一些奇特的化妝品拿出來實驗一番，雖不至於濃妝，但色彩上的出其不意就難免了，比如說銀白色的眼眶或藍莓色的唇膏等。

睡衣

喜歡社交的妳當然還是有小歇的時刻，此時在家讀讀書或看看電視也不錯，於是輕便的家居服就派上用場了，眼睛疲勞了，也許就這麼直接上床，反正睡覺對妳而言，並非生活中頂重要的事。

◎服裝

❊款式：為了講求舒適，這可能是妳看起來最平凡無奇的服裝，夏天裡一襲短褲加背心，春秋改穿五分褲加七分袖，天冷了褲子袖子就更長了。

❊質料：具有緞子光澤的人造纖維satin料子比較對妳的味，穿起來夠柔軟，活動夠方便，清洗起來也不費事。

❊色彩：各種格子、條紋與其他的幾何圖案都適合率性的妳，比較不尋常的黑色配寶藍、或灰色配紫紅更能吸引妳的注意。

水瓶座休闲服

水瓶座睡衣

◎拖鞋

夏天一雙精緻的綢緞繡花鞋，冬天又換成了一雙印第安式的翻皮居家便鞋，旁邊也許還放著鞋頭尖又翹的阿拉丁鞋，再加上日本式的木屐……難道是到了鞋類聯合國，沒錯，就連足下也能展現高度的文化關懷。

◎內衣褲

對於這層平時看不見的服裝，瓶女郎也是抱持著好奇心十足的實驗態度，妳的抽屜裡確實擁有最惹火的丁字褲和木蘭飛彈式的金屬胸罩，不知情的人正以為遇到了超級性感尤物，卻立刻被印有太空梭的拳擊短褲給驚醒。

◎保養

論愛美妳也許排不進前幾名，對皮膚保養之類婆婆媽媽的事，興趣也並不濃厚，倒是挺相信高科技的產品與技術，會率先購買含有最新特效成份的保養品，不但對自己有了交待，也算是對科學聊表敬意。

泳裝

夏天才到，幾家大型的水上樂園紛紛開幕，對喜愛人工設施勝過自然美景的瓶女郎而言，真是一大福音，高科技的彎曲滑水道，變化自如的人工海浪，當然比清一色的黃沙碧海要有趣得多了。身材高䠷、肩寬腿長的妳，對於換上泳裝，可是自信滿滿，因此一些設計上較為前衛，大部分女性望之卻步的新潮泳裝，似乎正是專為妳而量身打造的，帶金屬光澤的質料，富變化的清涼比基尼是妳的不二選擇，一身冷冽的性感，就讓它不經意地隨著奔竄而下的池水，恣意地流洩吧！

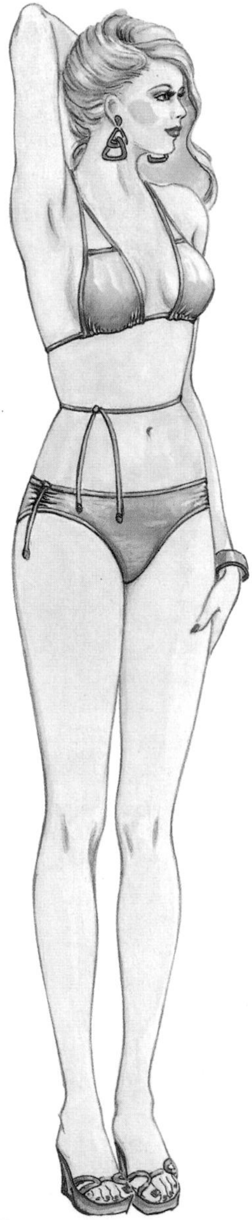

水瓶座泳裝

雙魚座衣著

有些魚隨水溫不同而展現不同的顏色，有些甚至隨水溫變化而改變性別，這種變幻莫測的特性是雙魚星座的守護星海王星帶來的，這顆隱晦的行星是「神秘」的代言人，而你的雙魚友人穿衣服的表現也將令你搔不盡腦袋。

今天她和男友約會，穿了件雅緻的連身裙，柔美而不失嬌豔；前天她睡了一天覺，起床後穿著睡衣般的皺棉衫去逛街；後天她上班時穿了套貴婦裝想打點自己的精神；昨天她去教堂穿了件襟前油漬忘了洗的套裝。這便是雙魚穿衣的型態，有時你覺得她可愛極了，是柔性女性美的最佳代言人；有時你覺得她絕對少了一根筋，完全不考慮場合穿著；這一回她邋遢到了極點；下一回她又成了名門貴婦。迷惑嗎？這正是她使用的香水

的名號。

假如時間夠她選衣服，雙魚女人所穿的服裝往往反映了她的情緒，這是個水象星座，而水象徵情緒，所以魚女人用衣物表現情緒。今天她的心情像塊破布，她便穿成丐幫九袋長老的模樣；明天她和甜心和好了去逛公園，她便穿了身新娘禮服去公園。雖然許多女人穿衣服反映情緒，但很少女人像雙魚那樣用衣服把情緒說出來。

由於是極度女性化的星座，美人魚自然特擅穿著溫柔淑女型的服裝，有些甚至七老八十了仍然丟不掉蝴蝶結、蕾絲與泡泡袖。然而近年來由西方所主導的中性化趨勢，已如野火燎原般迅速蔓延開來，純女性衣物越來越稀有，在許多需要表現能力的場合，這類服裝也難免顯得有些不合時宜。

清純學生型的服裝也滿適合雙魚。雖然這個星座有其老到的一面，但她心情好時，外貌經常顯得年輕，我有個雙魚鄰居都成了兩個孩子的媽了，一襲藍白水手裝上身仍然讓我憶起她小學時的樣子。

不少魚兒性格中有不喜歡正式的成分，但真要她參加頒獎晚會，輕紗長綾中她依舊讓人驚豔，只不過，太過陽性的裝扮雖可製造效果，但多半讓人覺得像蕭薔反串，而缺乏孫翠鳳演男人的味道。少數魚兒穿晚禮服比穿約會服還出色，這種豔麗的魚往往受到火象或風象星座的加強，對於舞台適應性特高，屬於雙魚中的演藝一族。

較少星座擅穿的藝術變化型衣類，雙魚可表現其中的陰性部分，由於海王星主管演藝事業，有些雙魚非常沒有個性，他不大有「我」的觀念，你給她穿什麼衣服她就變成穿那種衣服的人，不論是藝妓還是修女。這些魚兒有特別的條件穿一般人穿不下去的衣服，不過以陰性服裝為主。

魚兒衣櫃中最多的衣服除了淑女裝外，是休閒服。這個星座以慵懶聞名，睡眼惺忪得好像無尾熊，在她衣服上發現油點是毫不值得驚訝的事，結果她的貴婦裝、上班服、約會服最後都變成了只能在家中穿的休閒服。她隨意而不喜緊張的個性也使她重視休閒服。

雙魚座女孩服裝概念

◎服裝類型圖

以溫柔淑女、輕便休閒為主，有時亦可做藝術變化與清純學生型的裝扮。

◎穿著特性

- ❊焦點指數 1 2 3 4 5 [6] 7 8 9
- ❊流行指數 1 2 3 [4] 5 6 7 8 9
- ❊變化指數 1 2 3 4 5 6 [7] 8 9
- ❊愛美指數 1 2 3 4 5 6 7 [8] 9
- ❊裝扮成功指數 1 2 3 4 [5] 6 7 8 9

◎幸運色彩

以紫色為主，如淺紫、紫紅等。

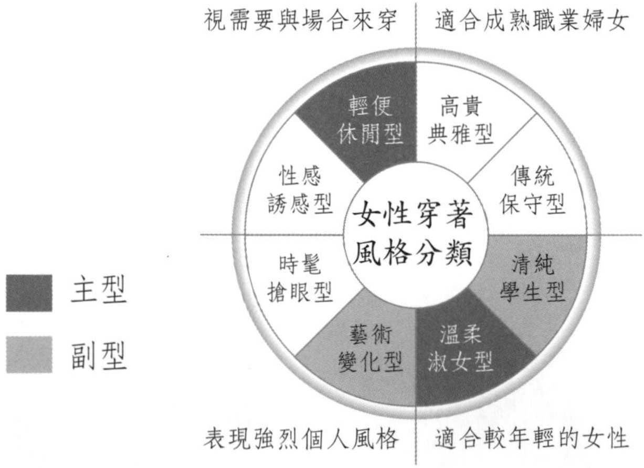

各種與海相關的色彩，如海藍、翠綠、珊瑚色等。
渲染的與透明的色彩。
最特別的是七彩的彩虹色。

◎幸運寶石

象牙、珍珠、綠寶石以及與月亮和水星相關的寶石。

◎小小叮嚀

❇邋遢是她穿著上最常犯的毛病，但在某些時候，這可是相當致命的缺點，因此出席一些重要場合時，請千萬特別留意。

❇極度溫柔淑女的裝扮，適合居家或平日外出購物，若身為上班族，這樣的穿著可能不十分討好，尤其是職位越高，越顯得專業性不夠。

❇讓情緒來決定自己的裝扮，有時會造成穿著不得體的窘狀，因此如果還有些在意形象問題，最好稍加控制。

上班服

慵懶的美人魚萬一不幸身為上班女郎，可能得吃點小苦頭，因為妳最擅長的溫柔淑女裝扮，以及不按牌理出牌的穿著習慣，都讓老闆不禁要皺眉頭，因此最好收斂起自己的情緒與喜好，才能在職場上有所發揮。

◎服裝

❇款式：除非擔任高級主管，否則服裝的感覺不需要太硬，成套的長裙針織套裝，或以兩件式針織上衣，搭配長A字裙，較能符合妳的型。

❇質料：軟質的針織材質，如絲、棉、viscose與rayon的混紡，冬天可選擇柔軟的羊毛或兔毛質料。

❇色彩：選擇較柔和的中性色如米色、咖啡色、灰色等，搭配較明亮的重點色如湖綠、紫紅、海藍等。

◎配件

※飾品：小型的耳環與項鍊，溫婉的珍珠相當適合，其他寶石則以單顆鑲嵌的弧形式樣更能表現淑女風範，此外再加上一只質感好的淑女錶就行了。

※皮包：軟質的手提包，弧形設計，有些許女性化的裝飾，如蝴蝶結與抽褶等，會比一般的公事包更能吸引妳。

※鞋襪：如果工作性質較輕鬆的，在夏季可以光著腳穿著涼鞋來搭配長及腳踝的裙子，但若環境不允許，則還是需要穿淑女包頭鞋加絲襪。

◎髮型

蓄著一頭卷卷長髮的妳，在辦公室中最好是將頭髮向上盤起，梳一個較整齊的髻，若嫌麻煩，記得下回燙成大卷，那麼就算披在肩上，也不會太過凌亂。

◎化妝

上班女郎需要一點自然的淡妝，打一層均勻的薄粉底，一點點粉彩色的腮紅更能增添女人味，眼影可以選擇咖啡色系，口紅以中等深淺的橘紅與豆沙紅為佳。

雙魚座上班服

約會服

此時幾乎所有男性都期待著夢中情人以最具女人味的方式出現，因此魚女郎只要依照自己的本性去穿就行了，而且在這樣幸福洋溢的時刻，美好心情更加保證了妳在裝扮上的用心，準是錯不了的。

◎服裝

＊款式：長及腳踝的洋裝，寬寬的或是魚尾式的裙襬，還可以添加各種荷葉邊、蕾絲、繡花、貼花等柔性裝飾。

＊質料：柔軟飄逸的材質，如絲質或細緻的棉質加上rayon與viscose的混紡，尤以半透明的薄紗最深得妳心。

＊色彩：浪漫的粉彩色系如薰衣草紫、荷花粉紅、薄荷綠、杏桃粉橘等，在這樣的場合能將妳襯托得嬌豔如花。

◎配件

※飾品：復古的女性化裝飾品，長的垂吊式耳環，或長或短的項鍊，心情好的時候還可以在腳踝上戴一條細緻的腳鍊，會更加迷人。

※皮包：軟皮或布質的單肩淑女背包，細細長長的皮製帶子，或金屬鍊子，上面還可以綴有一些星星、花朵、蝴蝶等夢幻式的裝飾。

※鞋襪：夏季裡，可以穿著輕便的有跟涼鞋，不需搭配絲襪，冬季有時可以換穿尖頭細跟的淑女短靴，搭配較厚的韻律襪。

◎髮型

將一頭卷曲的長髮抹上一些髮雕，顯得蓬鬆且有光澤，如果穿著更淑女一點，可以將頂部頭髮向後紮起，耳朵兩側還留有些許髮絲，這樣的髮型比公主頭稍微凌亂卻浪漫許多。

◎化妝

淡淡的彩妝在此時很有需要，不管上粉底與否，蜜粉是少不了的，柔和的腮紅將雙頰點綴得更顯嬌媚，眼影可以鮮明一點，口紅以粉紅或粉橘最能惹人憐愛。

晚禮服

美人魚並不擅於交際應酬，正式的宴會中很少見到妳的蹤跡，倒是比較喜歡參加一些有趣的party，妳可能興致勃勃的刻意裝扮一番，以令人耳目一新的姿態出現，誰都不得不羨慕妳充滿原創性的服裝品味。

◎服裝

❊款式：極為女性化的長禮服或兩截式的自由搭配，上半身較合身，裙襬呈散開的魚尾狀，當然少不了一些精美的珠子、亮片或蕾絲綴飾。

❊質料：上衣部分可選用亮面的綢緞，或是稍具彈性的混紡質料，裙襬最好是飄逸柔軟的雪紡紗，不同材質的混合更能展現多樣化的趣味。

❊色彩：絢爛的葡萄紫、柔美的紫蘿蘭色、或是任何渲染的謎樣色彩，都能將妳百分之百的浪漫盡情展現。

雙魚座約會服

雙魚座晚禮服

◎配件

※飾品：不成套的飾品正能表現妳的創意，小珠子串成的項鍊，一次戴上個五、六條，搭上七彩寶石綴成的長耳環，隆重而不落俗套。

※皮包：硬質的宴會包妳較不中意，偏好軟質的小型手袋，絨質或緞面的小布包，緊束的開口處用蝴蝶結做裝飾，女人味十足。

※鞋襪：細帶子的高跟涼鞋最能展示妳美麗的雙腳，當然不用穿絲襪，將腳指甲仔細的塗上指甲油，再添上一條足鍊，美足風情保證迷倒眾生。

◎髮型

一頭蓬亂的長長卷髮，此時可以鬆鬆地往上盤成一個髻，別忘了在前額及臉頰甚至後頸髮際處，留下一縷縷卷曲的髮絲，自然飄散，將能更添幾分浪漫風采。

◎化妝

對流行算是相當冷感，也不十分在意別人異樣的眼光，然而對審美卻很有一套自己獨特的想法，因此在這樣的場合，你會畫出一幅與眾不同的彩妝，可能濃豔，可能清淡，全憑感覺嘍！

休閒服

這條魚可不像真正的美人魚那樣成天優游於大海之中，魚女郎一點也不好動，頂多偶爾外出散散步，然而妳的休閒服卻不少，主要是因為懶得出門，休閒服其實就等於居家服，比較起來，舒服的程度要勝過行動上的方便性。

◎服裝

※款式：直筒或寬鬆的袍子是妳最喜歡的休閒服，通常是長及腳踝，其間若來點抽碎褶、荷葉邊或蝴蝶結等柔柔的裝飾，就更能吸引妳了。

※質料：穿起來舒服，洗起來不費力又不怕皺的材質最適合妳，因此以混紡的棉質為第一選擇，冬天則可選擇厚的純棉法藍絨。

※色彩：明亮的紫紅、翠綠、珊瑚色能展現妳輕鬆的心情，七彩混合的花朵以及抽象圖案更將愉悅的感覺穿在身上。

◎配件

❈飾品：夏季裡，一頂大型的寬邊草帽，繫上一個鮮豔的大蝴蝶結做裝飾，冬季則換上一頂毛線編織的窄沿小帽，輕鬆又可愛。

❈皮包：布質的大型袋子，不分四季晴雨，更懶得管什麼服裝色彩或式樣上的搭配，只要能裝下妳的隨身雜物，就是一只最佳的休閒包了。

❈鞋襪：涼鞋既舒適又不用擔心襪子的問題，最適合在穿著上並不一定隨時用心的妳，當然心血來潮時，妳也會刻意選一雙漂亮的夾腳拖鞋，一展足下風情。

◎髮型

將一頭長髮鬆鬆地向後挽成一個髮束，再繫上一條美麗的絲帶，或用布質的髮圈紮起，心情好的時候還可以編幾條麻花辮作為變化。

◎化妝

慵懶的妳此時可能完全沒有化妝的情緒，但別忘了即使是陰天的郊外，紫外線還是一樣的傷人，輕抹一層薄薄的隔離霜，再用極自然的唇膏給雙唇一點點顏色就行了。

睡衣

慵懶成性的魚女郎一天之中穿著睡衣的時間算是相當多，也不見得要正式上床睡覺，沙發上、地毯上、抱枕堆裡，隨時可見妳或躺或臥、東倒西歪，因此最好選擇一件舒適又美麗的睡衣，才不致太過妨礙觀瞻。

◎服裝

❈款式：極為女性化的寬鬆長睡袍，從領口以下抽了碎褶，下襬鑲有荷葉邊，到處都是美麗的蕾絲或繡花綴飾，流露出濃濃的洋娃娃味道。

❈質料：輕柔而薄軟的棉紗，或是細緻的絲質材料，連冬天也不願意穿得太笨重，頂多是稍厚一點的棉織品。

❈色彩：夢幻式的粉彩色系，如粉橘、粉紅或粉藍，或任何帶有渲染的霧狀色彩，都能伴妳舒適入眠。

雙魚座休閒服

雙魚座睡衣

◎拖鞋

夾腳拖鞋最適合妳了，扁扁的鞋底，細細的帶子，淺淺的色彩，甚至是透明的材質，能將妳精緻的雙腳襯托得分外動人。

◎內衣褲

喜歡有蕾絲裝飾的漂亮內衣褲，各種粉彩的顏色，款式上倒不特別趨向性感誘惑，反而比較偏好清純少女的風格，比如連身的襯裙、全罩式的內衣與及腰的內褲等。

◎保養

魚女郎多半擁有一雙美麗的腳丫子，而在裝扮上也相當喜歡裝飾或表現這個部位，因此平時絕不能忽略了足部保養，每週浴後應該用浮石做一次去角質，每天睡前別忘了擦上一些滋潤乳液，若喜歡塗上指甲油，一定要隨時保持完好無缺的狀態。

泳裝

雖然很難成為一條活躍於大海的美人魚，然而慵懶的魚美人還是會受到海洋的召喚，有股想親近海水的衝動，因此到了夏天，在一望無際的潔白沙灘上，五彩繽紛的遮陽傘下，並不難發現妳的芳蹤，當然八成是懶洋洋的棲身在躺椅中，戴著墨鏡，閉目養神去了。正如其他的服裝一樣，妳的泳裝是頗有女人味的，兩截式的較能展現妳的感性特質，短裙式的下半身，或是在臀部輕輕裹上一件長長的沙龍，有種吉普賽的浪漫美感，都是妳的最佳選擇。

雙魚座泳裝

星座衣Q

LOT系列7

著　　者／飛馬天嬌、李昀
繪　　圖／Nancy Huang
出 版 者／生智文化事業有限公司
發 行 人／林新倫
執行編輯／鄭美珠
登 記 證／局版北市業字第677號
地　　址／台北市新生南路三段88號5樓之6
電　　話／(02)2366-0309　2366-0313
傳　　真／(02)2366-0310
E-mail／tn605547@ms6.tisnet.net.tw
網　　址／http://www.ycrc.com.tw
郵政劃撥／14534976
戶　　名／揚智文化事業股份有限公司
印　　刷／鼎易印刷事業股份有限公司
法律顧問／北辰著作權事務所　蕭雄淋律師
初版一刷／2001年1月
定　　價／新台幣350元
I S B N／957-818-173-6

總 經 銷／揚智文化事業股份有限公司
地　　址／台北市新生南路三段88號5樓之6
電　　話／(02)2366-0309　2366-0313
傳　　真／(02)2366-0310

國家圖書館出版品預行編目資料

星座衣Q／飛馬天驕，李昀著. -- 初版. --
台北市：生智，2001 [民90]
面； 公分. --（LOT系列；7）

ISBN 957-818-173-6（平裝）

1. 占星術 2. 服裝

292.22 89010512

ENJOY系列

D6001	葡萄酒購買指南	周凡生/著	NT:300B/平
D6002	再窮也要去旅行	黃惠鈴、陳介祜/著	NT:160B/平
D6003	蔓延在小酒館裡的聲音—Live in Pub	李　茶/著	NT:160B/平
D6004	喝一杯，幸福無限	曾麗錦/譯	NT:180B/平
D6005	巴黎瘋瘋瘋	張寧靜/著	NT:280B/平

LOT系列

D6101	觀看星座的第一本書	王瑤英/譯	NT:260B/平
D6102	上升星座的第一本書(附光碟)	黃家騁/著	NT:220B/平
D6103	太陽星座的第一本書(附光碟)	黃家騁/著	NT:280B/平
D6104	月亮星座的第一本書(附光碟)	黃家騁/著	NT:260B/平
D6105	紅樓摘星—紅樓夢十二星座	風雨、琉璃/著	NT:250B/平
D6106	金庸武俠星座	劉鐵虎、莉莉瑪蓮/著	NT:180B/平
D6107	星座衣Q	劉鐵虎、李昀/著	NT:350B/平

FAX系列

D7001	情色地圖	張錦弘/著	NT:180B/平
D7002	台灣學生在北大	蕭弘德/著	NT:250B/平
D7003	台灣書店風情	韓維君等/著	NT:220B/平
D7004	賭城萬花筒—從拉斯維加斯到大西洋城	張　邦/著	NT:230B/平
D7005	西雅圖夏令營手記	張維安/著	NT:240B/平
D7101	我的悲傷是你不懂的語言	沈　琬/著	NT:250B/平

李憲章TOURISM

D8001	情色之旅	李憲章/著	NT:180B/平
D8002	旅遊塗鴉本	李憲章/著	NT:320B/平
D8003	日本精緻之旅	李憲章/著	NT:320B/平
D8004	旅遊攝影	李憲章/著	

元氣系列

D9101	如何征服泌尿疾病	洪峻澤/著	NT:260B/平
D9102	大家一起來運動	易天華/著	NT:220B/平
D9103	名畫與疾病一內科教授爲你把脈	張天鈞/著	NT:320B/平
D9104	打敗糖尿病	裴　騆/著	NT:280B/平
D9105	健康飲食與癌症	吳映蓉/著	NT:220B/平
D9106	健康檢查的第一本書	張瑬文/著	NT:200B/平
D9107	簡簡單單做瑜伽一邱素貞瑜伽天地的美體養生法	陳玉芬/著	NT:180B/平
D9108	打開壓力的拉環一上班族解除壓力妙方	林森、晴風/著	NT:200B/平
D9109	體內環保一排毒聖經	王映月/譯	NT:300B/平
D9110	肝功能異常時該怎麼辦？	譚健民/著	NT:220B/平
D9111	神奇的諾麗一諾麗果健康法	張慧敏/著	NT:280B/平
D9112	針灸實務寶典	黃明男/著	NT:550B/精
D9113	全方位醫療法	王瑤英/譯	NT:250B/平
D9114	一生的性計畫	張明玲/譯	NT:700B/精
D9115	妳可以更健康一正確治療婦女常見疾病	李奇龍/著	
D9116	性的媚力	范智冠/譯	
D9201	健康生食	洪建德/著	NT:180B/平

武俠人生叢書

D9301	喬峯的人生哲學	周錫山/著	NT:250B/平
D9302	黃蓉的人生哲學	郭　梅/著	NT:280B/平
D9303	段譽的人生哲學	王學海/著	NT:230B/平
D9304	胡斐的人生哲學	周錫山/著	NT:250B/平
D9305	李莫愁的人生哲學	郭　梅/著	NT:230B/平
D9306	令狐沖的人生哲學	李宗爲/著	
D9307	楊過的人生哲學	周聖偉/著	
D9308	韋小寶的人生哲學	王從仁/著	
D9309	趙敏的人生哲學	郭　梅/著	
D9310	任盈盈的人生哲學	郭　梅/著	
D9311	虛竹的人生哲學	黎山嶢/著	
D9312	霍青桐的人生哲學	楊馥愷/著	

戀人情史

DV001	沙特—戀人情史	黃忠晶/著	NT:280B/平
DV002	西蒙波娃—戀人情史	西蒙波娃/著　郝馬、雨果/譯	NT:280B/平
DV003	拿破崙—戀人情史	田桂軍、劉瓊/著	NT:300B/平
DV004	約瑟芬—戀人情史	南平/著	NT:280B/平